AF410914

TABLEAUX

D'HISTOIRE MILITAIRE

(1643-1898)

TABLEAUX

D'HISTOIRE MILITAIRE

(1643-1898)

PAR LE LIEUTENANT J. DE VERZEL

DU 54e RÉGIMENT D'INFANTERIE

BERGER-LEVRAULT ET Cie, ÉDITEURS

PARIS | NANCY
5, RUE DES BEAUX-ARTS, 5 | 18, RUE DES GLACIS, 18

1901

PRÉFACE

L'étude de l'histoire militaire présente de nombreuses difficultés. Les événements qui se déroulent au cours d'une campagne sont, en effet, multiples, souvent simultanés ou se passent sur des théâtres bien différents, et, si l'on veut saisir nettement le lien qui les unit, on doit se placer successivement au point de vue de chacun des adversaires. Une telle étude demande donc du temps, de la réflexion et de l'application.

Tandis que l'enseignement secondaire accorde une large place à l'histoire politique, il délaisse quelque peu l'histoire militaire. Aussi, ceux qui, après la première, veulent, par nécessité ou par goût, aborder la seconde, éprouvent-ils un sérieux embarras. Ils doivent alors avoir recours, soit à des précis qui, se rapprochant trop d'un aride mémento chronologique, ne répondent pas au but qu'ils se proposent, soit à des ouvrages trop complets pour une première étude.

L'auteur des *Tableaux d'histoire militaire* s'est, au début, trouvé, lui aussi, rebuté par ce labeur aride qui consiste à rechercher dans des livres bourrés de faits ceux de ces faits qui présentent un réel intérêt, au point de vue militaire, et à les isoler de ceux qui, au contraire, peuvent être plus ou moins laissés de côté. Aussi a-t-il cru faire œuvre utile en mettant chacun à même de profiter de son modeste travail personnel. Il s'est appliqué à mettre en lumière les grandes lignes des campagnes modernes, et à les exposer d'une façon simple, méthodique, rationnelle, permettant de les retenir aisément. Il espère que quiconque possédera bien les tableaux synoptiques qu'il présente au public sera déjà armé pour une étude plus complète.

Les candidats aux écoles militaires notamment y trouveront tous les renseignements nécessaires pour répondre convenablement à un examen spécial. Ils posséderont de plus des connaissances qui leur seront utiles dans ces écoles mêmes et au sortir de ces écoles.

Les différentes campagnes ont été traitées par l'auteur d'une façon fort inégale, suivant leur importance militaire ou l'intérêt rétrospectif qu'elles présentent. Ainsi, tandis que celles des règnes de Louis XIV et de Louis XV ne font guère que l'objet d'un simple sommaire, les guerres contemporaines ont reçu un développement relativement considérable. Or, les candidats aux écoles militaires doivent précisément savoir, à ce point de vue, faire une différence entre les unes et les autres : La logique le demande et leurs examinateurs l'exigent !

Bien que l'histoire militaire soit, en quelque sorte, l'objet exclusif de ce travail, son auteur a, dans le but de faciliter la tâche de ceux auxquels il s'adresse, ajouté dans le corps de l'ouvrage, quelques tableaux récapitulatifs très sommaires relatant les principaux événements de l'histoire intérieure depuis 1643, et leur permettant de se remémorer très rapidement ceux-ci. Son plus grand désir et sa plus grande ambition seraient d'avoir rendu plus aisée à ces jeunes gens une besogne souvent singulièrement ardue !

TABLE DES MATIÈRES

FIN DE LA GUERRE DE TRENTE ANS ET ÉVÉNEMENTS INTÉRIEURS JUSQU'AU GOUVERNEMENT PERSONNEL DE LOUIS XIV (1643-1661)

I. — LUTTE CONTRE L'ESPAGNE, L'EMPIRE ET LA BAVIÈRE (1643-1648)

La France qui dispose de l'armée weimarienne est alliée à la Suède, à la Savoie, à la Hollande. Elle lutte en Champagne et aux Pays-Bas, en Allemagne, en Catalogne, en Italie et sur mer. Les opérations militaires sont décousues. Les principaux événements sont :

Rocroi (1643). Victoire de Condé sur les Espagnols qui ont envahi la Champagne.

Fribourg (1644). Victoire de Turenne et de Condé sur le Bavarois Mercy qui avait, en 1643, battu l'armée d'Allemagne à Tüttlingen.

Marienthal (1645). Défaite par Mercy de Turenne demeuré seul.

Nordlingen (1645). Turenne et Condé, qui a rejoint et renforcé le premier, battent Mercy. En 1646, le duc d'Orléans s'empare de Courtray et Condé de Dunkerque sur les Espagnols.

Lérida (1647). Condé échoue, comme d'Harcourt en 1646, devant cette place.

En 1648, Condé bat les Espagnols à Lens, tandis que Turenne, en Allemagne, se joint aux Suédois, qui, jusque-là, ont opéré séparément, ravagent la Bavière et l'Autriche, et, avec eux, s'avance jusqu'à l'Inn.

Traités de Westphalie (1648) avec les puissances allemandes. La France y gagne l'Alsace moins Strasbourg.

II. — LA FRONDE

1re Fronde parlementaire (1648-1649). | Journée des Barricades (27 août 1648). Prise de Charenton par les Royaux et Paix de Rueil (1649). Rethel (1650). Défaite de Turenne rebelle et des Espagnols.

2e Fronde des Princes (1649-1652). | Bléneau (1652). Soumis, Turenne bat Condé et les frondeurs. Maître de Paris, Condé est vaincu à la Porte Saint-Antoine (1652). Il est ensuite obligé de quitter la capitale.

III. — FIN DE LA LUTTE CONTRE L'ESPAGNE (1653-1659)

Arras (1654), assiégée en vain par Condé et les Espagnols, est secourue par Turenne.

En 1657, Mazarin gagne l'alliance des Anglais (Cromwell).

Bataille des Dunes (1658). La victoire des Franco-Anglais sur Condé et les Espagnols fait tomber Dunkerque.

Traité des Pyrénées (1659). La France y acquiert l'Artois et le Roussillon. Louis XIV épousera Marie-Thérèse d'Espagne.

Mort de Mazarin et gouvernement personnel de Louis XIV (1661).

GUERRE DE DÉVOLUTION (1667-1668)

Causes de la guerre : Le non-paiement par l'Espagne de la dot de l'Infante Marie-Thérèse qui a épousé Louis XIV en 1660.

Les Français occupent la **Flandre** (1667) et font la conquête de la **Franche-Comté** (Condé, 1668).

Ces succès déterminent la **Triple alliance de La Haye** entre la Hollande, la Suède et l'Angleterre (1668).

Louis XIV traite alors avec l'Espagne, à **Aix-la-Chapelle** (1668). La France rend à l'Espagne, la Franche-Comté. L'Espagne, en revanche, lui reconnaît la possession de la Flandre.

GUERRE DE HOLLANDE (1672-1679)

Causes : Mécontentement de Louis XIV à la suite de la Triple alliance de La Haye, et rivalités commerciales entre la France et la Hollande. L'Angleterre est l'alliée de la France depuis 1670 ; elle le demeurera jusqu'en 1674.

OPÉRATIONS DANS LES PAYS-BAS, EN FRANCHE-COMTÉ ET SUR MER.

L'armée française suivant la Meuse passe le Rhin à Wesel et à Tolhuys (1672). Inondation du pays (1672).

Guillaume d'Orange stathouder (1672).

Grande alliance de La Haye (1673) : la Hollande, l'Espagne, le Brandebourg, l'Empire.

Blocus et prise de **Maëstricht** par les Français (1673).

Conquête de la **Franche-Comté** par Louis XIV sur les Espagnols (1674).

Senef (1674). Victoire de Condé sur les Hispano-Hollandais de Guillaume d'Orange.

Cassel (1677) et **Saint-Denis-sous-Mons** (1678). Victoires de Luxembourg sur Guillaume d'Orange.

Sur mer, d'Estrées livre, avec la flotte franco-anglaise, trois combats au Hollandais Ruyter, vers les bouches de l'Escaut (1673).

Stromboli et **Agosta** (mort de Ruyter). Victoires navales de Duquesne sur les Hispano-Hollandais (1676).

Palerme (1676). Victoire de Vivonne sur les mêmes.

Traités de Nimègue (1678 et 1679). La France reçoit la Franche-Comté et des villes en Flandre et en Artois. Ces traités marquent l'apogée du règne de Louis XIV.

CAMPAGNES DE TURENNE EN ALLEMAGNE (1673-1675)

Campagne de 1673. Prenant l'offensive, Turenne rejette au delà du Weser les Allemands parvenus jusqu'au Rhin. Il se porte sur le Mein au-devant des Impériaux de Montecuculli, qui peuvent néanmoins joindre les Hollandais.

Campagnes de 1674 et de 1675. En 1674, Turenne prend encore l'offensive : A **Sintzheim**, il retarde la jonction des armées impériales, puis repasse le Rhin. Réunis, les Impériaux bordent la rive droite du Neckar. Turenne marchant contre eux, ils repassent cette rivière. Les Français restent dans le Palatinat, pour reculer ensuite jusqu'au nord de l'Alsace, lorsque Montecuculli réussit à franchir le Rhin et à en border la rive gauche à Philippsbourg. Les Impériaux passent bientôt sur la rive droite du fleuve vers Philippsbourg, puis sur la rive gauche à Strasbourg. Turenne les attaque (bataille indécise d'**Entzheim**). Les Français hivernent en Lorraine, les Allemands en Alsace.

En décembre, Turenne longe les Vosges et franchit la trouée de Belfort. A **Mulhouse** (29 décembre 1674), il surprend un corps impérial ; à **Turckheim** (5 janvier 1675), il bat le gros de l'ennemi. Résultats : l'évacuation de l'Alsace et l'incursion des Français dans le Palatinat.

Dès mai, Montecuculli veut passer le Rhin. Strasbourg est son objectif principal. Partout, sur la rive gauche, il trouve devant lui Turenne, qui réussit enfin à le couper de ses communications. Retraite des Impériaux, poursuite par les Français. Mort de Turenne à **Salzbach** (29 juillet 1675).

Consarbruck (1675). Défaite de Créqui, son successeur. Condé, appelé en Alsace, rejette les Impériaux au delà du Rhin.

Kochersberg (1677), **Rheinfeld, Laufenbourg et Kehl** (1678). Victoires de Créqui sur le duc de Lorraine.

LOUIS XIV (1643-1715) [Suite.]

GUERRE DE LA LIGUE D'AUGSBOURG (1888-1897)

CAUSES DE LA GUERRE : Les **Chambres de Réunion** qui annexent à la France des villes de Flandre, des Trois-Évêchés, d'Alsace, de Franche-Comté et Strasbourg, les bombardements d'**Alger** (1682, 1683, 1688) et de **Gênes** (1684), la **Révocation de l'Édit de Nantes** (1685).
Guillaume d'Orange suscite la coalition de l'Allemagne, de la Hollande, de l'Espagne, puis de la Savoie et, après la chute de Jacques II, qu'il détrône (1689), de l'Angleterre.
Louis XIV soutiendra la lutte sur toutes ses frontières, en Irlande et sur mer.

Une flotte française débarque en Irlande Jacques II (1689) qui, battu à **La Boyne** (1690), doit rentrer en France.
La défaite de Tourville à **La Hougue** par la flotte anglo-batave rend impossible une descente en Angleterre (1692).
Lagos (1693). Victoire de Tourville sur la flotte anglo-batave.

Sur le Rhin.
Prise, en 1688, de **Philippsbourg, Spire, Trèves**, etc.
Incendie du Palatinat par Duras (1689).

Aux Pays-Bas.
Fleurus (1690). Victoire de Luxembourg sur le prince de Waldeck.
Combat de **Leuze** (1691). Nouveau succès de Luxembourg sur le même.
Siège et prise de **Namur** (1692) par Luxembourg et Louis XIV.
Steinkerque (1692). Victoire de Luxembourg sur Guillaume d'Orange.
Neerwinden (1693). Victoire de Luxembourg sur Guillaume d'Orange.
En 1695, Villeroi, successeur de Luxembourg mort, ne peut empêcher Guillaume de reprendre **Namur**.

Aux Alpes.
Staffarde (1690). Victoire de Catinat sur le duc de Savoie.
La Marsaille (1693). Nouvelle victoire de Catinat sur le même, qui, en 1692, a ravagé le Dauphiné.

Aux Pyrénées.
Siège et prise de **Barcelone** (1697) par Vendôme, qui a envahi la Catalogne.

Traité de Ryswick (1697). Guillaume d'Orange est reconnu comme roi d'Angleterre par Louis XIV, qui abandonne la Lorraine et garde Strasbourg.

GUERRE DE LA SUCCESSION D'ESPAGNE (1701-1713)

CAUSE DE LA GUERRE : L'acceptation par Louis XIV, pour le duc d'Anjou, son petit-fils, de la succession de Charles II d'Espagne. Coalition de l'Angleterre, de la Hollande, de l'Allemagne, de la Prusse et, en 1703, du Portugal et de la Savoie contre la France et l'Espagne alliées à la Bavière. La guerre s'étend à toutes les possessions espagnoles et à toutes nos frontières. Nos colonies sont ravagées.

1er REVERS ET SUCCÈS (1701-1704)

Aux Pays-Bas, Marlborough force Boufflers à abandonner les places de la Meuse jusqu'à Namur (1702).

En Italie, le prince Eugène bat, à **Carpi**, Catinat et, à **Chiari**, Villeroi, successeur de celui-ci (1701).
Il surprend **Crémone**, sans s'en emparer, et y fait Villeroi prisonnier (1702).
Mais il est vaincu à **Luzzara** par Vendôme, successeur de Villeroi (1702).

En Allemagne, Villars, lieutenant de Catinat qui a été rappelé d'Italie, bat les Impériaux à **Friedlingen** (1702). Ceux-ci avaient passé le Rhin, pris Landau et rétrogradaient grâce à une diversion des Bavarois, quand Villars les atteignit.
Hochstaedt (1703). Villars, qui a donné la main aux Bavarois, bat les Impériaux.
Spire (1703). Victoire de Tallard sur les Allemands du prince de Hesse.

2e REVERS (1704-1709)

Hochstaedt (1704). Défaite de Tallard et de Marsin par Marlborough et Eugène réunis ; la perte de l'Allemagne en est la conséquence.

Après ce succès, Marlborough gagne les Pays-Bas et Eugène le Piémont.
Ramillies (1706). Marlborough y bat complètement Villeroi : la plus grande partie des Pays-Bas est le gage de sa victoire.
Turin (1706). Eugène sauve cette ville qu'assiège une armée française et venge un échec que lui a fait subir, en 1705, Villars à **Cassano**.
Sa victoire délivre le Piémont et lui ouvre le Milanais. Il peut, avec le duc de Savoie, envahir la **Provence** et assiéger vainement **Toulon**, de concert avec la flotte anglaise (1707).

Tous les efforts des alliés se portent ensuite vers les Pays-Bas.
Oudenarde (1708). Victoire d'Eugène et de Marlborough réunis sur le duc de Bourgogne et Vendôme.
Lille, défendue par Boufflers, capitule devant eux (1708).
Malplaquet (1709). Défaite héroïque de Villars par Eugène et Marlborough.

Pendant cette période, en Espagne, prise de **Gibraltar** par les Anglais (1704).
Velez-Malaga (1704). Victoire navale de Toulouse et de d'Estrées sur les Anglo-Bataves.
Prise de **Barcelone** (1705) par le prétendant autrichien Charles III, les Impériaux et les Anglais, et perte de la Catalogne.
Philippe V tente en vain de reprendre Barcelone en 1706, échec qui ouvre aux alliés les portes de **Madrid** ; Berwick s'en empare de nouveau et gagne la bataille d'**Almanza** (1707).

3e SUCCÈS (1709-1713).
TRAITÉS DE PAIX

Villaviciosa (1710). Cette victoire de Vendôme sur les alliés répare la défaite de Philippe V à Saragosse (1710).
En 1711, l'Angleterre quitte la coalition et Duguay-Trouin s'empare de **Rio-de-Janeiro**, possession portugaise.
Denain (1712). Victoire de Villars sur le prince Eugène. Elle sauve la France et est suivie de la reprise des places du Nord.

Louis XIV signe avec la coalition, l'Empire excepté, le **traité d'Utrecht** (1713).
Lorsque Villars s'est, en 1713, emparé de **Landau** et de **Fribourg**, et a pris, au delà du Rhin, l'avantage sur le prince Eugène, l'Empereur signe le traité de **Rastadt** (1714).
Il est convenu que Philippe V régnera sur l'Espagne et ses colonies. Le reste de la monarchie espagnole ira à l'Empire, sauf la Sicile, donnée à la Savoie, et Gibraltar et Minorque, donnés à l'Angleterre. Intégrité de la France continentale.

PRINCIPAUX MINISTÈRES ET GOUVERNEMENT INTÉRIEUR	GUERRE AVEC L'ESPAGNE (1719-1720)	SUCCESSION DE POLOGNE (1733-1735)	SUCCESSION D'AUTRICHE (1741-1748)	GUERRE DE SEPT ANS (1756-1763)
Régence du duc d'Orléans (1715-1723). { Influence de Dubois, officiellement premier ministre en 1722. Système Law (1715-1720). Conspiration de Cellamare (1717-1718). } **Ministère du duc d'Orléans** (août-décembre 1723). **Ministère du duc de Bourbon** (1723-1726). **Fleury (1726-1743).** { Querelles entre le Parlement, le clergé et le gouvernement, à propos des Jansénistes et de la Bulle *Unigenitus*. } Choiseul, de 1758 à 1770, passe au ministère des affaires étrangères, de la guerre et de la marine. Il négocie : Le **Pacte de famille** (1761) entre les Bourbons de France, d'Espagne, des Deux-Siciles, de Parme et de Plaisance ; La réunion à la couronne de la **Lorraine** (1766) et de la **Corse** (1768). A signaler : En 1764, l'abolition de l'ordre des Jésuites ; En 1767, le **pacte de famine** (accaparement des blés par le gouvernement). **Le Triumvirat** (d'Aiguillon, Maupou, Terray) [1770-1774]. { Suppression des Parlements 1771. Premier **partage de la Pologne** (1772) entre la Russie, la Prusse et l'Autriche. }	**Causes :** Philippe V, conseillé par Albéroni, voudrait rendre à l'Espagne ses possessions italiennes et renverser le régent de France. **Triple alliance** de la France, de l'Angleterre, de la Hollande contre l'Espagne (1717). Cette triple alliance devient la **Quadruple alliance** par l'adjonction de l'Autriche (1718). Berwick prend **Fontarabie** ; il envahit la Catalogne (1719), tandis que les Espagnols sont battus en Italie par les Impériaux. Dès 1718, les Anglais avaient détruit la flotte espagnole au cap Passaro. Renvoi d'Albéroni (1719). **Traité de Vienne** (1720). Le duc de Savoie échange la Sardaigne contre la Sicile qui reste à l'Empereur avec le Milanais. La Toscane, Parme et Plaisance sont promis à un infant.	**Cause :** La succession d'Auguste II disputée par l'Électeur de Saxe, à Stanislas Leczinski, soutenu par la France, l'Espagne et la Sardaigne. Tentative de 1,500 Français pour délivrer Dantzig assiégée par 40,000 Russes et Allemands (1733). **Sur le Rhin,** Berwick est tué devant **Philippsbourg** que Noailles emporte (1734). **En Italie,** Villars conquiert le Milanais (1734). **Parme** et **Guastalla** (1734). Victoires de Coigny, son successeur. Les Espagnols enlèvent aux Autrichiens Naples et presque toute la Sicile. **Traité de Vienne** (1735-1738). Stanislas reçoit la Lorraine, un infant les Deux-Siciles, François de Lorraine la Toscane.	**Cause :** Le refus, par l'Europe, de reconnaître la Pragmatique Sanction de Charles VI, qui assurait à sa fille Marie-Thérèse la couronne impériale. Ligue de la France, de l'Espagne, de la Prusse, de la Bavière, de la Pologne, de la Sardaigne contre Marie-Thérèse soutenue par l'Angleterre. La France appuie la candidature à l'Empire de l'Électeur de Bavière. **1° Allemagne et Rhin.** Louis XV envoie une armée en Bohême et Frédéric II envahit la Silésie. **Molwitz** (1741) et **Czaslau** (1742). Victoires de Frédéric sur les Autrichiens. Marie-Thérèse lui cède la Silésie (**Traité de Berlin,** 1742) et il quitte la coalition. Après lui, les autres princes, sauf le roi d'Espagne et l'électeur de Bavière (empereur Charles VII), abandonnent la France. Retraite de l'armée française de Bohême et capitulation de **Prague** (1742). — **Dettingen** (1743). Bataille indécise livrée par Noailles aux Anglo-Allemands. En 1744, Frédéric II rentre dans l'alliance française et pénètre en Bohême. Il bat les Autrichiens à Hohenfriedberg et à **Sorr** (1745), et les Saxons à **Kesselsdorf** (1745), et fait par le traité de Dresde (1745) une paix séparée avec Marie-Thérèse. **2° Pays-Bas.** En 1744, Louis XV veut porter la guerre dans les Pays-Bas. Les Autrichiens envahissent l'Alsace, mais l'évacuent quand Frédéric II reprend les armes. **Fontenoy** (1745). Victoire de Maurice de Saxe sur les Anglais et les Hollandais. Cette victoire nous donne la Belgique. **Raucoux** (1746). Victoire de Maurice de Saxe sur les Autrichiens, les Anglais, les Hollandais. **Lawfeld** (1747). Nouvelle défaite des confédérés par Maurice de Saxe. Prise de **Maëstricht** (1748) par Maurice de Saxe : La Hollande est ouverte aux Français. **3° Italie : Plaisance** (1746). Défaite des Franco-Espagnols par les Impériaux. Ceux-ci envahissent même la Provence dont les Anglais bloquent les côtes et que Belle-Isle délivre. **4° Angleterre et colonies : Culloden** (1746). Défaite du prétendant Charles-Édouard. Dans l'Inde. Prise de Madras (1746) par La Bourdonnais ; Dupleix résiste dans Pondichéry (1748). **Traité d'Aix-la-Chapelle** (1748). La France rend ses conquêtes et recouvre ce qu'elle a perdu. La guerre n'a profité qu'à la Prusse et à l'Angleterre.	**Causes :** L'Autriche désire reprendre à la Prusse la Silésie ; l'Angleterre convoite nos colonies. Frédéric II et les Anglais luttent contre la France, l'Autriche, la Russie, la Pologne, la Suède, la Saxe. **Sur mer et aux colonies.** **1° Sur mer.** **Minorque** (1756). Bataille navale gagnée par la Galissonnière sur les Anglais. **Port-Mahon** pris par Richelieu aux Anglais (1756). **Belle-Ile** (1759). Défaite de Conflans par les Anglais. **Louisbourg,** pris par les Anglais (1758). **2° Au Canada.** **Québec,** pris par les Anglais (mort de Montcalm, 1759). **Montréal,** pris par les Anglais (1760). **3° Dans l'Inde.** Prise par les Anglais de **Pondichéry** (défendu par Lally) (1761). Deux armées françaises sont envoyées en Allemagne : En Hanovre et sur le Mein. **1° Armée de Hanovre : Hastembeck** (1757). Défaite de Cumberland par d'Estrées. **Clostersevern** (1757). Son successeur Richelieu impose à Cumberland une capitulation qui sera violée. **Crevelt** (1758). Brunswick, avec l'ancienne armée de Cumberland, défait Clermont qui a remplacé Richelieu. **Minden** (1759). Défaite de Contades, successeur de Clermont, par Brunswick. **Corbach** (1760). Défaite de Brunswick par le successeur de Contades, Broglie, dont le lieutenant Castries bat les Prussiens à **Clostercamp** (1760). **2° Armée du Mein : Rossbach** (1757). Victoire de Frédéric sur Soubise, qui a rejoint les Autrichiens. L'armée du Mein joue un rôle effacé, tandis que Frédéric tient tête, dans l'ouest de l'Allemagne, aux Russes et aux autres coalisés. **Traité de Paris** (1763) entre la France et l'Angleterre. La France perd presque toutes ses colonies, dont le Canada et la Louisiane. **Traité d'Hubertsbourg** (1763) entre la Prusse et l'Autriche. La Prusse garde la Silésie.

LOUIS XVI JUSQU'A LA RÉVOLUTION (1774-1789)	LA CONSTITUANTE (5 MAI 1789- 30 SEPTEMBRE 1791)	L'ASSEMBLÉE LÉGISLATIVE (1er OCTOBRE 1791- 20 SEPTEMBRE 1792)	LA CONVENTION (21 SEPTEMBRE 1792- 26 OCTOBRE 1795)	LE DIRECTOIRE (27 OCTOBRE 1795- 9 NOVEMBRE 1799)	LE CONSULAT (10 NOVEMBRE 1799- 18 MAI 1804)
PRINCIPAUX MINISTÈRES Maurepas premier ministre (1774-1781). Se succèdent au contrôle des finances : Turgot (1774-1776). Necker (1776-1781). Les embarras financiers seront accrus par la mauvaise administration de Calonne (1783-1787) et de Brienne (1787-1788) ; Necker (1788-1789) ne peut réagir. **GUERRE D'AMÉRIQUE (1774-1783)** En 1778, la France s'allie aux Américains révoltés contre les Anglais depuis 1775. L'Espagne se joint à la France en 1779. **1° En Amérique.** La Fayette et les Américains font capituler Cornwallis à **York-Town** (1781). **2° Gibraltar** est assiégée en vain par les Franco-Espagnols (1779-1782). **3° Sur mer.** { **Ouessant** (1778). Bataille indécise livrée aux Anglais par d'Orvilliers. **Les Saintes** (1782). Défaite de Grasse par les Anglais. **Aux Indes**, d'Estaing et le bailli de Suffren livrent aux flottes anglaises des combats heureux. **Traité de Versailles** (1783). Indépendance des États-Unis. L'Angleterre cède à la France le Sénégal et Tabago et rend à l'Espagne Minorque et la Floride.	La Constituante se déclare **Assemblée nationale** (17 juin 1789). **Serment du Jeu de Paume** (20 juin 1789). Séance royale du 23 juin 1789. } Mirabeau et Barnave. Fusion des trois ordres (27 juin 1789). **Prise de la Bastille** (14 juillet 1789). **Nuit du 4 août** (abandon des privilèges). Banquet des gardes du corps (3 octobre 1789). **Journées des 5 et 6 octobre.** Le 5, les Parisiens vont à Versailles ; le 6, le roi rentre à Paris. **Constitution civile du clergé** (12 juillet 1790). **Fête de la Fédération** (14 juillet 1790). **Fuite du roi** (20 juin 1791). **Convention de Pilnitz** (27 août 1791). L'Autriche et la Prusse se liguent contre la Révolution.	Décrets contre les émigrés et les prêtres insermentés (1791). **Ministère girondin** (mars-juin 1792). { Guerre : Servan ; affaires étrangères : Dumouriez ; intérieur : Roland. **Journée du 20 juin 1792.** { Causes : Le refus du roi de sanctionner les décrets, les échecs de l'armée. Envahissement de l'Assemblée, puis des Tuileries ; le roi est obligé de se coiffer du bonnet rouge. **La patrie en danger** (2 juillet 1792). **Manifeste de Brunswick** (26 juillet 1792). Il amène la **journée du 10 août** : Les Tuileries sont prises ; le roi est suspendu par l'Assemblée. **Massacres de septembre** 1792, provoqués par la prise de Longwy et de Verdun	**La République** (22 septembre 1792). **Mort de Louis XVI** (21 janvier 1793). Les Jacobins organisent les insurrections du 31 mai et du 2 juin 1793. La Convention est envahie ; le 2 juin, les Girondins sont arrêtés. Mort de Marat, poignardé par Charlotte Corday (13 juillet 1793). **La Terreur** (juillet 1793-juillet 1794) dirigée par le Comité de Salut public. Lutte des principales factions qui tombent tour à tour : **Les Hébertistes** (supplice le 24 mars 1794). **Les Dantonistes** (supplice le 5 avril 1794). **Robespierre, le 9 Thermidor** (27 juillet 1794). **1er Prairial** (20 mai 1795). La Convention est envahie par la populace (Boissy d'Anglas). Suppression du tribunal révolutionnaire. **13 Vendémiaire** (5 octobre 1795). Émeute royaliste réprimée par Bonaparte. **Constitution de l'an III.** (Un Directoire de cinq membres. Conseils des Anciens et des Cinq-Cents.)	**18 Fructidor** (4 septembre 1797). Coup d'État contre les royalistes dirigé par la majorité du Directoire et favorisé par l'armée. Les Conseils, cornés, déportent 53 députés et deux directeurs : Barthélemy qui s'oppose aux violences contre eux. **22 Floréal** (11 mai 1798). Coup d'État contre les Conseils dirigé par le Directoire, qui annule les élections des députés jacobins. **30 Prairial** (18 juin 1799). Coup d'État contre le Directoire dirigé par le Corps législatif : Merlin et La Réveillère sont obligés de démissionner. **18 Brumaire** (9 novembre 1799). Coup d'État de Bonaparte contre les Conseils.	**1er CONSULAT A TEMPS** (10 novembre 1799- 2 août 1802). **Constitution de l'an VIII** (Trois consuls [Bonaparte, Cambacérès et Lebrun] ; un Conseil d'État, un Corps législatif, un Sénat, le Tribunat). Le Concordat (1801) [Consalvi]. Les articles organiques]. L'Université (1802). **Constitution de l'an X.** (Le Consulat à vie, amoindrissement du Tribunat). **2e CONSULAT A VIE** (2 août 1802-18 mai 1804). Pendant cette période le **Code civil** est élaboré. **Conspiration de Cadoudal** (1803-1804). **Exécution du duc d'Enghien** (1804). **L'Empire** (18 mai 1804).

CAMPAGNES DE 1792

Après le 10 août, se liguent contre la France : l'Autriche, la Prusse, le Piémont, les princes allemands.

PLAN DES ALLIÉS : Les Prussiens (BRUNSWICK) marcheront de Coblence sur Paris par Longwy, flanqués à droite et à gauche par des corps autrichiens. Notre frontière du Nord sera aussi attaquée par les Autrichiens.

Les Français ont : 1° l'armée du Nord (DUMOURIEZ) ; 2° l'armée de l'Est (KELLERMANN), sur la Moselle et en Alsace.

Prise de Longwy (23 août) et de Verdun (2 septembre) par les Prussiens.

DUMOURIEZ, venant du Nord, longe l'Argonne à l'Est, en occupe les défilés et appelle à lui KELLERMANN et son corps de la Moselle.

Les Prussiens s'emparent du défilé de la Croix-aux-Bois, mal gardé, ce qui amène l'abandon par nous du Chêne-Populeux.

DUMOURIEZ passe l'Aisne, la remonte jusqu'à Sainte-Menehould et, rallié par KELLERMANN, s'adosse à l'Argonne, face à l'ouest.

Valmy (20 septembre). Les Prussiens, qui ont marché vers l'ouest, croient DUMOURIEZ tourné, l'attaquent, sont battus. Leur retraite.

En même temps, COBOURG bombarde en vain Lille (septembre-octobre).

CUSTINE (corps laissé en Alsace par KELLERMANN) prend Spire, Worms et Mayence (septembre-octobre).

MONTESQUIOU occupe la Savoie (septembre) ; Nice se donne à la France (novembre).

Après Valmy, DUMOURIEZ marche contre l'armée de COBOURG. La victoire de Jemmapes (6 novembre) lui donne la Belgique ; celle d'Anderlecht lui ouvre Bruxelles (13 novembre).

Il prend ses quartiers d'hiver entre la Meuse et la Roër.

CAMPAGNES DE 1793 A 1795

Première coalition. — La mort de LOUIS XVI allie aux belligérants de 1792 : la Hollande, l'Angleterre, l'Espagne, le Portugal, Naples, la Toscane et Rome. Toutes nos frontières sont attaquées à la fois ; à l'intérieur, la guerre civile. Les armées de la Convention résisteront partout.

<table>
<tr>
<th></th>
<th>ARMÉE DU RHIN</th>
<th>ARMÉE DE LA MOSELLE</th>
<th>ARMÉE DU NORD</th>
<th>THÉÂTRES SECONDAIRES</th>
</tr>
<tr>
<td>1793</td>
<td>CUSTINE occupe le Rhin, de Spire à Bingen, et l'Alsace. Il laisse les Prussiens passer le Rhin, le déborder à droite et à gauche et bloquer Mayence, qui succombera en juillet. Il est appelé à l'armée du Nord.
Mayence pris, les Autrichiens (WURMSER) ont pour objectif l'armée du Rhin, les Prussiens (BRUNSWICK) celle de la Moselle.
Pirmasens (octobre). Échec de l'offensive combinée des deux armées françaises.
Wissembourg (octobre). WURMSER et BRUNSWICK chassent des lignes de Wissembourg les Français qui s'y sont établis.
PICHEGRU prend le commandement de l'armée du Rhin.
Général en chef des deux armées, HOCHE, vainqueur à Froeschwiller et à Woerth, délivre l'Alsace et bat encore, au Geisberg [Wissembourg] (décembre), les Prussiens et les Autrichiens réunis. Les premiers se retirent vers Mayence, les seconds franchissent le Rhin.
MICHAUD remplace PICHEGRU qui passe à l'armée du Nord.</td>
<td>Cette armée est d'abord placée sous le commandement de HOUCHARD.

HOCHE est battu par BRUNSWICK à Kaiserslautern (novembre).

JOURDAN, venu de l'armée du Nord, passe à l'armée de la Moselle.</td>
<td>DUMOURIEZ veut conquérir la Hollande. Ses corps, agissant séparément, prennent Bréda, Berg-op-Zoom (février), etc.....
Concentration des Autrichiens sur la Roër. Ils rejettent sur Bréda, les lieutenants de DUMOURIEZ. Victoire de COBOURG à Aix-la-Chapelle (mars).
Ces défaites et les excès des Jacobins en Belgique déterminent DUMOURIEZ à chercher à arrêter l'ennemi par une bataille décisive.
Neerwinden (mars). Battu, DUMOURIEZ se retire jusqu'à la frontière et trahit.
DAMPIERRE et CUSTINE (ce dernier venant de l'armée du Rhin) échouent successivement contre COBOURG qui bloque Condé et Valenciennes.
DAMPIERRE est tué devant Condé ; CUSTINE est exécuté. Progrès des Autrichiens.
HOUCHARD venu de l'armée de la Moselle { Hondschoote (septembre). Victoire sur les Anglais. Menin (septembre). Victoire sur les Hollandais.
JOURDAN, vainqueur à Wattignies (octobre), délivre ainsi Maubeuge, assiégée par COBOURG. Il passe ensuite à l'armée de la Moselle.</td>
<td rowspan="4">Guerre de Vendée.

Principaux chefs royalistes : STOFFLET, CATHELINEAU, CHARETTE, D'ELBÉE, LA ROCHEJACQUELEIN.
Prise de Saumur (juin 1793) par les Vendéens.
Nantes (juin 1793). Échec des Vendéens. Les républicains sont rejetés au nord de la Loire.
Arrivée en Vendée de KLÉBER et des Mayençais.
Torfou (septembre 1793). Défaite des républicains.
Cholet (octobre 1793). Victoire des républicains sur les Vendéens qui, acculés à la Loire, passent sur la rive droite.
Granville (novembre 1793). Tentative de siège par les Vendéens, qui, découragés, s'ouvrent un passage vers le sud.
Le Mans et Savenay (décembre 1793). Défaite et destruction complète des Vendéens (WESTERMANN, KLÉBER, MARCEAU).
Quiberon (1795). Débarquement et désastre des Émigrés (HOCHE).

Révoltes de Caen, de Marseille, de Lyon (1793). Toulon, qui a appelé les Anglais, est reprise par BONAPARTE (décembre 1793).

Deux armées occupent les crêtes des Alpes. L'une, l'armée d'Italie (DUMERBION), s'empare du camp austro-sarde de Saorgio (1794).
Loano (1795). Victoire de SCHÉRER sur les Austro-Sardes.

Aux Pyrénées orientales, MONCEY occupe les provinces basques (1794).
Aux Pyrénées occidentales, DUGOMMIER s'empare du camp espagnol du Boulou (1794) et est tué à la Mouga (1794).

Les Anglais gagnent une bataille navale près de Brest, 1794 (Le Vengeur. VILLARET-JOYEUSE). Ils s'emparent de la Martinique, de la Guadeloupe, de nos possessions dans l'Inde.</td>
</tr>
<tr>
<td rowspan="2">1794</td>
<td colspan="2"></td>
<td>PICHEGRU, venu de l'armée du Rhin, bat les Autrichiens à Mouscron (avril), à Courtray et à Tourcoing (en mai), à Hooglède (en juin).</td>
</tr>
<tr>
<td colspan="3">JOURDAN, à la tête de la majeure partie de l'armée de la Moselle, rejoint sur la Sambre une partie de l'armée du Nord. Cette nouvelle armée sera dite de « Sambre-et-Meuse ».
Fleurus (juillet). Défaite de COBOURG par JOURDAN qui a pris Charleroi.
À Bruxelles, les armées du Nord et de Sambre-et-Meuse se rejoignent. Elles se séparent ensuite pour poursuivre l'ennemi. PICHEGRU rejette les Anglais sur Bréda. JOURDAN force les Autrichiens à repasser le Rhin. Les Français reprennent Landrecies, Condé, Valenciennes et Le Quesnoy, encore à l'ennemi, puis poursuivent leur offensive.</td>
</tr>
<tr>
<td>1795</td>
<td colspan="3">ARMÉE DE LA MOSELLE ET ARMÉE DU RHIN — Elles ont devant elles les Prussiens qui, après la victoire de l'armée de Sambre-et-Meuse, se retireront sur Coblence. Elles se réuniront alors pour bloquer Mayence.
Les quatre armées françaises bordent ensuite le Rhin de Bâle à la mer.
Entrée à Amsterdam (janvier).
Les traités de Bâle avec la Hollande, la Prusse et l'Espagne nous donnent les provinces prussiennes de la rive gauche du Rhin et la partie espagnole de Saint-Domingue.

ARMÉE DE SAMBRE-ET-MEUSE — Bataille de la Roër (octobre). JOURDAN rejette au delà du Rhin les Autrichiens qui ont repassé le fleuve.

ARMÉE DU NORD — Les Anglais sont rejetés par PICHEGRU derrière la Meuse et le Rhin.
L'armée du Nord conquiert la Hollande.</td>
</tr>
</table>

OPÉRATIONS EN ALLEMAGNE

En 1796 et 1797, la guerre continue avec l'Autriche, la Prusse et Naples.

PLAN DU DIRECTOIRE : Marche concentrique sur Vienne.	Armée de Sambre-et-Meuse par le Mein. Armée de Rhin-et-Moselle par le Danube. Armée d'Italie par le Pô.

L'archiduc CHARLES est établi avec plus de 100,000 hommes de Manheim à Bâle.

ARMÉE DE SAMBRE-ET-MEUSE	ARMÉE DE RHIN-ET-MOSELLE
JOURDAN est en Lorraine avec 55,000 hommes. Sa gauche (KLEBER) force le Rhin à Neuwied et bat, à **Altenkirchen** (4 juin 1796), le prince de WURTEMBERG. **Wetzlar** (15 juin). Victoire de l'archiduc CHARLES sur JOURDAN, qui repasse le Rhin.	MOREAU est en Alsace avec 70,000 hommes. Il passe le Rhin à Kehl (24 juin 1796).
En juillet, JOURDAN prend l'offensive. Il trouve devant lui WARTENSLEBEN qui recule ; il suit la vallée du Mein, entre à Francfort, à **Würtzbourg**, à **Bamberg** et s'arrête sur la Naab.	**Rastadt** et **Ettlingen** (5 et 9 juillet). Victoires de MOREAU sur l'archiduc. **Neresheim** (11 août). Victoire de MOREAU qui a suivi le Neckar à la poursuite de l'archiduc.

Les armées françaises sont trop éloignées l'une de l'autre pour se réunir. L'archiduc cherche alors à accabler JOURDAN en rejoignant WARTENSLEBEN, resté devant ce dernier. Il se dérobe à MOREAU ; son lieutenant, LATOUR, masque son mouvement.

Neumark (23 août). Défaite de JOURDAN par l'archiduc qui joint WARTENSLEBEN. **Würtzbourg** (3 septembre). Défaite de JOURDAN en retraite par le Mein. L'armée repasse le Rhin. HOCHE remplace JOURDAN.	MOREAU qui est entré à Munich, craignant d'être accablé par toutes les forces autrichiennes, bat en retraite suivi par LATOUR. **Biberach** (2 octobre). Défaite de LATOUR par MOREAU, qui se retire par la Forêt-Noire et repasse le Rhin.

Au printemps de 1797, les deux armées réorganisées franchissent de nouveau le Rhin pour reprendre l'exécution du plan primitif.

HOCHE bat KRAY à **Neuwied** (17 avril 1797).	MOREAU arrive dans la Forêt-Noire.

Les deux armées vont se joindre sur le Mein, quand l'armistice de Léoben arrête leurs succès.

OFFENSIVE CONTRE BEAULIEU ET COLLI

En Italie, 55,000 Austro-Piémontais sous BEAULIEU, de la Stura aux sources des Bormida. BONAPARTE et 35,000 hommes de Voltri à Orméa.	A droite, le Piémontais COLLI est à Ceva ; au centre, PROVERA aux sources des deux Bormida ; à gauche, BEAULIEU vers le col de la Bochetta. 4 divisions : LAHARPE à l'est de Savone ; MASSÉNA à Savone ; AUGEREAU à Loano ; SÉRURIER à Orméa.

SON PLAN : Battre les Autrichiens et les Piémontais successivement.

Offensive contre Beaulieu et Colli.

BONAPARTE veut porter son effort sur le centre autrichien. SÉRURIER observe COLLI. LAHARPE fait d'abord une diversion sur Gênes. C'est à Gênes aussi que BEAULIEU tente de se joindre aux Anglais. D'où, mouvement d'appui à gauche des Autrichiens. Au cours de ce mouvement :

Montenotte (12 avril). Victoire de BONAPARTE (MASSÉNA, AUGEREAU et LAHARPE qui a été rappelé) sur le centre autrichien.

Millesimo (13 et 14 avril). Pour séparer les armées ennemies, AUGEREAU fait un à-gauche et rejette la droite piémontaise sur Ceva.

Dego (14 et 15 avril). BONAPARTE rejette les Autrichiens sur Acqui. Retraite de BEAULIEU vers le Pô. LAHARPE le surveille.

Offensive contre Colli.

Après les premières défaites des Autrichiens, les Piémontais se retirent vers le nord.

Mondovi (22 avril). COLLI s'arrête, BONAPARTE le bat.

Armistice de Cherasco (28 avril) avec les Piémontais.

Suite de l'offensive contre Beaulieu

Passage du Pô à Plaisance (7 mai) par les Français, après des démonstrations vers Valenza.

Passage de l'Adda (bataille de Lodi, 10 mai).

Entrée à Milan (14 mai).

Révolte en Lombardie qui retarde BONAPARTE. Insurrection de Pavie (26 mai).

Passage du Mincio (29 mai) à la suite de BEAULIEU.

Ce dernier suit l'Adige tandis que BONAPARTE opère l'investissement de Mantoue, clef de la région (3 juin).

OPÉRATIONS EN ITALIE

DÉFENSIVE CONTRE WURMSER ET ALVINZI ET OFFENSIVE CONTRE L'ARCHIDUC CHARLES

Défensive contre Wurmser.

En juillet 1796 l'armée française est ainsi répartie :
- 15,000 hommes assiègent Mantoue.
- 25,000 hommes forment le corps d'observation : SAURET (successeur de LAHARPE) à Salo, AUGEREAU à Legnago, MASSÉNA à Rivoli et Vérone.

Wurmser est à Trente avec 60,000 hommes. Reprenant l'offensive, il en part en deux corps :
- 1° QUASDANOWICH suit la Chiése.
- 2° WURMSER suit les deux rives de l'Adige.

MASSÉNA et SAURET sont surpris. Pour battre séparément les corps ennemis, BONAPARTE lève le siège de Mantoue et se retire par l'Est. WURMSER entre à Mantoue.

Lonato. BONAPARTE bat QUASDANOWICH le 30 juillet, puis laisse devant lui MASSÉNA qui, le 3 août, le force à se retirer. SAURET reste devant QUASDANOWICH.

Castiglione. Le 3 août, AUGEREAU est victorieux de l'avant-garde de WURMSER venant de Mantoue. Le 5, BONAPARTE (AUGEREAU, MASSÉNA et SÉRURIER) bat WURMSER qui se retire dans le Tyrol.

Réorganisé, WURMSER reprend l'offensive, tandis que DAWIDOWICH garde le Tyrol. Il suit la Brenta avec 30,000 hommes. A ce moment, BONAPARTE lui-même, laissant KILMAINE sur l'Adige, marchait sur le Tyrol.

Roveredo (4 septembre) et **Calliano** (4 septembre). BONAPARTE bat DAWIDOWICH, laisse devant lui VAUBOIS, puis se jette à la suite de WURMSER.

Primolano (7 septembre) et **Bassano** (8 septembre). Défaites de WURMSER, qui passe alors l'Adige à Legnago et gagne Mantoue.

La Favorite (9 septembre). Tentative de WURMSER qui, battu, rentre dans Mantoue.

Défensive contre Alvinzi.

En octobre, les Autrichiens réorganisés reprennent l'offensive. ALVINZI avec 40,000 hommes attaque par le Frioul, DAWIDOWICH avec 20,000 par le Tyrol. Ils repoussent nos corps d'observation : Dans le Frioul, MASSÉNA rétrograde sur Vérone ; dans le Tyrol, VAUBOIS sur Rivoli.

Caldiero (12 novembre). Échec de BONAPARTE (divisions AUGEREAU et MASSÉNA) contre ALVINZI en position.

Arcole (15 novembre). BONAPARTE a descendu l'Adige et est passé sur la rive gauche pour se porter ainsi sur les derrières d'ALVINZI. Il se présente par deux digues (colonnes de MASSÉNA et d'AUGEREAU) et emporte la position le troisième jour. Pendant ce temps, DAWIDOWICH a fait reculer VAUBOIS derrière le Mincio. BONAPARTE le repousse, puis il oblige WURMSER à rentrer dans Mantoue.

En janvier 1797, ALVINZI attaque par l'Adige, PROVERA par le Frioul. Ils se heurtent aux divisions d'observation.

Rivoli (14 janvier). La division JOUBERT, en observation sur le Monte-Baldo, est attaquée par ALVINZI en six colonnes mal reliées. Elle est secourue par MASSENA. L'ennemi se retire vers le nord, poursuivi par MASSENA.

La Favorite (16 janvier). BONAPARTE (MASSÉNA et SÉRURIER) fait mettre bas les armes à PROVERA cherchant à entrer dans Mantoue.

Mantoue capitule le 2 février.

Offensive contre l'archiduc Charles.

En mars, l'archiduc se trouve sur le Tagliamento et a un corps dans le Tyrol, en tout 60,000 hommes.

BONAPARTE, avant de se porter contre lui, impose la paix au pape (**traité de Tolentino**, 19 février). Dès octobre 1796, Naples avait traité.

BONAPARTE, disposant aussi de 60,000 hommes (7 divisions en 2 corps), envoie la division JOUBERT dans le Tyrol, tandis que MASSÉNA, longeant les montagnes, tourne le Tagliamento et occupe le col de Tarvis.

Victoires du **Tagliamento** (16 mars) et de **Neumark** (1er avril 1797) remportées par BONAPARTE sur l'archiduc. A Villach, JOUBERT, victorieux du corps autrichien du Tyrol, rejoint BONAPARTE.

Armistice de Léoben (18 avril 1797).

Traité de Campo-Formio (17 octobre 1797). Cession par l'Empereur à la France de la rive gauche du Rhin et de la Belgique. Le Milanais formera la république Cisalpine. L'Autriche reçoit la Vénétie.

EXPÉDITION D'ÉGYPTE
(1798-1801)

CAUSE : Le désir du Directoire d'atteindre et de ruiner le commerce anglais dans l'Inde.

BONAPARTE
(1798-1799)

L'armée compte 36,000 hommes.

Prise de Malte (sur l'ordre de RUOORS) [juin 1798].

Débarquement à Alexandrie (juillet).

Bataille des Pyramides (juillet). Les Mamelucks sont vaincus par l'armée française qui entre au **Caire**.

Aboukir (août). NELSON anéantit la flotte française.

Sédiman (octobre). DESAIX extermine les débris des Mamelucks qui ont gagné la Haute-Égypte.

Révolte au Caire (octobre).

Expédition de Syrie contre les Turcs alliés à l'Angleterre après Aboukir.
Prise de **Gaza** et de **Jaffa** (mars 1799).
Échecs devant **Saint-Jean-d'Acre** (mars à mai 1799).
Bataille du Mont-Thabor (avril). Victoire sur l'armée turque de Damas.
Aboukir (juillet). Victoire sur l'armée turque de RHODES.

BONAPARTE quitte l'Égypte (août 1799).

KLÉBER (1799-1800)

Convention d'El-Arisch avec SIDNEY SMITH pour l'évacuation de l'Égypte (janvier 1800) non ratifiée par le gouvernement anglais.

Héliopolis (mars 1800). Victoire de KLÉBER sur les Turcs.

Assassinat de KLÉBER (14 juin 1800).

MENOU (1800-1801)

Canope (mars 1801). MENOU battu par les Anglais.

Le Caire (juin 1801) et **Alexandrie** (septembre 1801) capitulent devant les Anglais.

CAMPAGNES DE 1799

La **deuxième coalition** causée par le mécontentement de l'Europe, à la suite de la [...]tave, helvétique et romaine, comprend l'Angleterre, qui l'a fomentée, Naples, l'Autriche et la Russie.

Dès le début de la guerre, les Autrichiens mettent en ligne 260,000 hommes ; deux armées russes doivent les renjoindre en Allemagne. Le plan du Directoire est de prendre l'offensive contre eux, à la fois en Allemagne et dans la Haute-Italie avec 130,000 hommes ; en outre, deux corps d'armée opèreront à Naples st en Hollande. La base d'opérations des Français s'étend du Zuyderzée au golfe de Tarente.

(création des républiques bataves)

ITALIE

MACDONALD occupait le royaume de Naples, conquis par CHAMPIONNET (décembre 1798-janvier 1799) et devenu la république parthénopéenne.

SCHÉRER doit, avec une armée dite « d'Italie », forcer l'Adige. Il s'empare sur les Autrichiens du camp de **Pastrengo** (mars).

Battu par KRAY à **Magnano** (avril), SCHÉRER recule jusqu'au delà de l'Adda. KRAY ne profite pas de sa victoire ; car il attend qu'une armée russe (sous SOUWAROFF) l'ait rejoint sur le Mincio.

Cassano (avril). Défaite de MOREAU, successeur de SCHÉRER, par les Austro-Russes. Il se retire vers Turin, puis sur Gênes.

MACDONALD tente de se joindre à MOREAU. Il quitte Naples qui s'insurge derrière lui.

La Trebbia (juin). Victoire de SOUWAROFF sur MACDONALD (trois jours de lutte). Ce combat n'empêche pas la jonction, à travers l'Apennin, des deux armées françaises, dont JOUBERT prend le commandement.

La prise de **Mantoue** (août) rend disponible le corps de KRAY qui se joint à SOUWAROFF.

A **Novi** (août), JOUBERT, descendu des Apennins avec 40,000 hommes, est défait par 80,000 alliés. Il est tué. Au cours de la bataille, MOREAU prend le commandement.

Retraite des Français vers l'Apennin ; l'Italie est perdue pour eux.

SUISSE

MASSÉNA, en Suisse, occupait le Rhin, de ses sources au lac de Constance. Il cherche à s'emparer du Tyrol, mais il y renonce après Ostrach et Stockach. Il se replie d'abord en avril sur la Thur, puis sur la Linth et le Limmat.

1re bataille de Zurich (juin). L'archiduc CHARLES bat MASSÉNA qui se retire sur l'Albis. Il attend ensuite les armées russes.

Marche combinée des Russes de SOUWAROFF qui, venant d'Italie, se présenteront par le Saint-Gothard, tandis que KORSAKOFF, qui entrait en Suisse avec une autre armée, attaquera MASSÉNA de front de concert avec les Autrichiens.

2e bataille de Zurich (septembre). MASSÉNA, prenant l'offensive contre KORSAKOFF, force le passage de la Limmat, refoule KORSAKOFF sur Zurich, qu'il attaque par la rive droite, et le chasse jusqu'au Rhin, après un combat de 2 jours, qui lui inflige des pertes énormes.

En même temps, SOULT battait sur la Linth le corps autrichien destiné à donner la main à SOUWAROFF.

Ce dernier, d'autre part, franchit avec peine le Saint-Gothard, défendu par LECOURBE (septembre). Son armée épuisée arrive à Altdorf, puis à Schwitz, où il se heurte à MASSÉNA, qui s'est porté là après Zurich et qui harcèle son arrière-garde pendant sa retraite pénible sur Coire, par le Toudberg.

La Russie quitte la coalition. Elle fera officiellement la paix en 1801.

ALLEMAGNE

JOURDAN, d'abord placé entre Strasbourg et Bâle, passe le Rhin et s'étend du Danube au lac de Constance.

Ostrach et Stockach (mars 1799). Défaites de JOURDAN par les Autrichiens de l'archiduc CHARLES.

Mais l'Autriche, préoccupée des progrès de l'armée de MASSÉNA, ne laisse pas l'archiduc marcher en avant et JOURDAN peut se retirer sur le Rhin par la Forêt-Noire.

HOLLANDE

Bergen. Victoire de BRUNE sur les Anglo-Russes débarqués en Hollande.

Alkmaer. Série de combats livrés par BRUNE aux Anglo-Russes et suivie d'une capitulation en vertu de laquelle ces derniers évacuent la Hollande.

CAMPAGNES DE 1800

La guerre continue contre l'Autriche alliée à l'Angleterre et à quelques princes allemands.

PLAN DES AUTRICHIENS : L'Autriche a deux armées : 1° en Italie, MÉLAS doit s'emparer de Gênes, franchir le Var, se joindre aux Anglais à Toulon ; 2° en Allemagne, KRAY gardera la ligne du Rhin, de ses sources à Mayence, et prendra l'offensive quand les Français se seront laissé attirer vers le Var et l'Italie.

PLAN DES FRANÇAIS : MASSÉNA gardera la défensive sur le Var. MOREAU (armée du Rhin) rejettera KRAY en Bavière, tout en tournant sa gauche. BONAPARTE, avec une armée de réserve formée en secret sur divers points et qui doit se porter sur Genève et Lausanne, rejoindra MOREAU pour marcher sur Vienne, ou bien tombera sur MÉLAS en Italie.

OPÉRATIONS EN ALLEMAGNE

KRAY a 120,000 hommes, MOREAU 100,000. Ce dernier passe le Rhin, de Kehl à Schaffhouse.

Engen, Moeskirch, Biberach (mai). Victoires de MOREAU, qui gagne les Autrichiens vers la gauche et qui oblige KRAY à se retirer sur Ulm.

MOREAU s'arrête, mais, à la nouvelle du passage du Saint-Bernard par BONAPARTE, il reprend sa marche.

Hochstaedt (juin). KRAY est coupé de ses communications avec la rive droite du Danube. Mais il réussit, en filant par la rive gauche, à traverser le fleuve.

MOREAU entre à **Augsbourg** et à **Munich** (juin), tandis que les Autrichiens se retirent à l'est de l'Inn.

Armistice de Parsdorf (15 juillet).

Hohenlinden (3 décembre). Les Français étaient concentrés entre l'Isar, l'Inn et le Danube. Offensive des Autrichiens de l'archiduc JEAN. Ils avaient passé l'Inn et traversaient la forêt de Hohenlinden en trois colonnes. Celle du centre, la principale (40,000 hommes), est attaquée sur une route formant un étroit défilé, en tête par NEY, en queue par RICHEPANSE. Défaite complète des Autrichiens.

MOREAU, arrivé aux portes de Vienne, signe l'**armistice de Steyer**, le 25 décembre.

OPÉRATIONS EN ITALIE

MÉLAS a 120,000 hommes, MASSÉNA 30,000. MÉLAS rejette MASSÉNA dans Gênes et SUCHET (gauche de MASSÉNA) sur le Var (avril). Puis les Autrichiens, de concert avec une flotte anglaise, bloquent MASSÉNA dans Gênes.

Passage des Alpes par l'armée de réserve (40,000 hommes, mai). A droite, THUREAU au Mont-Cenis ; au centre, BONAPARTE au Grand Saint-Bernard ; à gauche, MONCEY au Saint-Gothard.

BONAPARTE franchit le Tessin et entre à **Milan** (juin).

MONCEY l'y rejoint, mais demeure au nord du Pô, tandis que BONAPARTE franchit le fleuve à Plaisance.

Capitulation de Gênes (4 juin). La résistance de MASSÉNA a permis à BONAPARTE d'arriver au cœur de l'Italie.

Montebello (défilé de la Stradella, 9 juin). Victoire de LANNES et de VICTOR sur l'Autrichien OTT, qui voulait interdire aux Français le passage sur la rive droite du Pô et se croyait en présence d'une simple avant-garde.

Marengo (14 juin). MÉLAS, surpris par l'arrivée de BONAPARTE, s'est concentré à Alexandrie. Voyant ses communications coupées, il livre bataille. La position française est marquée par le Fontanone. Les Autrichiens débouchent sur trois colonnes. Leurs efforts portent au centre sur Marengo, à notre droite sur Castel-Ceriolo. Au centre, GARDANNE est refoulé ; à droite, LANNES prolongé par VICTOR l'est également. Commencement du mouvement de retraite des Français. A 4 heures, arrivée de DESAIX, envoyé d'abord en observation vers Novi et qui a marché au canon. Offensive et victoire des Français.

Convention d'Alexandrie (16 juin). Elle rend aux Français toute la Haute-Italie, jusqu'au Mincio.

Paix de Lunéville (9 février 1801) entre la France et l'Autriche. Confirmation du traité de Campo-Formio. Reconnaissance des Républiques cisalpine, ligurienne, helvétique et batave. Fondation du royaume d'Etrurie.

PRÉLIMINAIRES ET PLANS DES ARMÉES

Ligue des neutres (décembre 1800) [États-Unis, Suède, Danemark, Russie] à laquelle mettent fin la mort de Paul I** de Russie (mars 1801) et la bataille livrée par NELSON à la flotte danoise devant **Copenhague** (avril 1801).

Combat d'Algésiras (juillet 1801). Victoire des Français sur une flotte anglaise.

BONAPARTE rassemble sur la côte de Boulogne, pour préparer une descente en Angleterre, une armée et une flottille que NELSON ne peut brûler.

La paix d'Amiens (27 mars 1802), conclue avec l'Angleterre, est rompue dès 1803. — CAUSES : Le refus des Anglais de rendre Malte prise par eux en 1800, l'intervention française en Suisse, la création de la république italienne, l'annexion du Piémont, l'expédition de Saint-Domingue (général LECLERC, 1802).

MORTIER s'empare du Hanovre, possession du roi d'Angleterre (juillet 1803). **Camps d'Ambleteuse**, de **Vimereux**, de **Boulogne**, d'**Etaples**.

Troisième coalition (Angleterre, Russie, Autriche, Suède, Naples, 1805).

CAUSES : La conquête du Hanovre, le meurtre du duc d'Enghien, les hostilités contre Naples, la création du royaume d'Italie, l'annexion de la république ligurienne.

L'inaction de l'amiral VILLENEUVE qui, au lieu de secourir GANTEAUME bloqué dans Brest, s'enferme au Ferrol, puis à Cadix, oblige NAPOLÉON à renoncer à son projet de descente en Angleterre et à se retourner contre l'Autriche.

1° Plan des alliés. Ils attaqueront avec 350,000 hommes :

1° Par la Hollande (Suédois, Russes, Anglais) ;

2° Par la vallée du Danube. L'armée autrichienne de MACK (80,000 hommes) marchera de Vienne sur l'Inn ; deux armées russes la suivront.

3° Par la Lombardie et l'Adige (Russes et Autrichiens) ;

4° Par l'Italie du Sud (Russes, Anglais, Napolitains).

Ce plan reçoit un commencement d'exécution : les Autrichiens s'avancent sur l'Inn. Les Bavarois, qui prennent parti pour la France, se retirent alors à Würtzbourg et les Autrichiens s'avancent jusqu'à Ulm. Les Russes doivent rejoindre ces derniers.

2° Plan des Français. NAPOLÉON envoie MASSÉNA sur l'Adige, garde la défensive au nord, et s'assure la neutralité de la Prusse en lui confiant le Hanovre. Il veut battre séparément les armées autrichienne et russes, qui, distantes entre elles de 30 jours de marche, s'avancent par la vallée du Danube. Il marchera ensuite sur Vienne.

Pour exécuter ce plan, il fera croire à MACK, par des démonstrations vers la Forêt-Noire, à une attaque venant du nord. Puis il passera le Danube au nord-est d'Ulm et tombera ainsi sur les communications des Autrichiens.

DEPUIS LA CONCENTRATION JUSQU'A ULM
(28 août-20 octobre).

CORPS D'ARMÉE	POSITIONS LE 26 AOUT		DIRECTIONS
1er BERNADOTTE	Gœttingue	Würtzbourg.	Pour former la droite de l'armée.
2e MARMONT	Zeist en Hollande		
3e DAVOUT	Ambleteuse	Manheim.	Pour former le centre
4e SOULT	Boulogne	Spire.	
5e LANNES	Arras	Strasbourg.	Pour former la gauche.
6e NEY	Montreuil	Lauterbourg.	
7e AUGEREAU	Brest	le Rhin.	Réserve.
MURAT (cavalerie)		Schlestadt.	

Le 26 septembre, les six premiers corps, les Bavarois et la cavalerie s'étendent de Würtzbourg à Lauterbourg. MURAT et LANNES, occupant les défilés de la Forêt-Noire, masquent l'armée qui opère une conversion à droite, son front allant sans cesse en se rétrécissant, front marqué le 6 octobre par la ligne Ingolstadt-Donauwerth.

À cette date, MACK occupe la ligne Rain (sa droite avec KIENMAYER) — Ulm (sa gauche).

Le 8 octobre, passage du Danube par les Français. MURAT s'empare du pont de Rain.

Tandis que le 1er corps et les Bavarois gagnent Munich, que le 6e s'établit sur la rive gauche du Danube et face à Ulm, pour masquer le mouvement, les 2e, 3e et 4e vont à Augsbourg barrer la route de Munich. Le 5e et la cavalerie suivent la rive droite du Danube, coupant KIENMAYER d'Ulm et battent à Wertingen (8 octobre) un corps autrichien qui veut le joindre.

MACK s'établit alors face à l'est, de Memmingen à Ulm. Partout cerné, il veut percer par ses ailes. D'où :

1° À droite, tentative infructueuse. JELLACHICH, seul, peut s'échapper avec 10,000 hommes ;

2° À gauche, FERDINAND avec 25,000 hommes est repoussé, à Albeck (11 octobre), par les 6,000 hommes de DUPONT, qui, laissé seul par NEY, sur la rive gauche, a pris l'offensive. Néanmoins, FERDINAND occupe les hauteurs d'Elchingen.

Elchingen (14 octobre), NEY, en s'emparant du Michelsberg, isole FERDINAND du MACK.

Capitulation d'Ulm (20 octobre).

DEPUIS ULM JUSQU'A AUSTERLITZ
(17 octobre-2 décembre).

Poursuite des corps autrichiens échappés à la capitulation d'Ulm.

JELLACHICH peut s'enfuir dans le Tyrol.

FERDINAND avec 3,000 chevaux et WERNECK avec 10,000 hommes s'enfuient vers la Bohême. Ils sont poursuivis par OUDINOT (grenadiers). DUPONT et MURAT.

Neresheim (17 octobre). Victoire d'OUDINOT sur l'infanterie de WERNECK.

Nördlingen (18 octobre). Victoire de MURAT sur l'infanterie de WERNECK.

Nuremberg (20 octobre). Victoire de MURAT sur la cavalerie de FERDINAND.

Pendant que ces événements se passent en Allemagne :

Trafalgar (21 octobre). Victoire navale de NELSON sur VILLENEUVE, qui a voulu sortir de Cadix.

Caldiero (30 octobre). Victoire de MASSÉNA sur l'archiduc CHARLES qui gagne ensuite le Frioul.

Traité de Potsdam (3 novembre). La Prusse s'allie secrètement à la Russie. Elle avait déjà accordé à l'armée russe le passage par la Silésie.

Opérations contre les Russes.

À la fin d'octobre, la première armée russe (KUTUSOFF) est arrivée sur l'Inn. NAPOLÉON prend l'offensive contre elle.

Les 1er et 2e corps, flanquant l'armée à droite, sont envoyés sur Salzbourg. Ils sont prêts à soutenir les 6e et 7e.

Les 3e, 4e, 5e corps suivent la rive droite du Danube.

Les 6e et 7e corps, envoyés dans le Tyrol contre l'archiduc JEAN, ne peuvent empêcher celui-ci de joindre l'archiduc CHARLES par le Brenner et la Pusterthal.

Le 7e corps capture cependant la division JELLACHICH échappée d'Ulm.

Le 8e corps (MORTIER), de formation récente, suit la rive gauche du Danube.

Devant le gros de l'armée, KUTUSOFF se retire. Après lui, nous passons l'Inn, la Traun, l'Ens.

Amstetten (novembre). Rencontre de l'arrière-garde de KUTUSOFF. Celui-ci réussit à passer le Danube à Krems.

Dürnstein (11 novembre). Le 8e corps rencontre l'armée russe. (La division GAZAN sauvée par la division DUPONT.)

Entrée de l'armée à Vienne et prise du pont (13 novembre). (Ruse de LANNES et de MURAT.)

Hollabrunn (18 novembre). Combat entre l'arrière-garde russe et LANNES et MURAT trompés par KUTUSOFF.

KUTUSOFF peut joindre à Brünn la 2e armée russe.

BATAILLE D'AUSTERLITZ
(2 décembre).

Napoléon entre à **Brünn** (19 novembre) et s'avance ensuite jusqu'à Waschau. Ayant déjà sous la main MURAT, LANNES et SOULT, il appelle à lui BERNADOTTE et DAVOUT, puis se retire sur Brünn, feignant de battre en retraite.

Les Austro-Russes (débris de MACK et les deux armées russes) veulent, en manœuvrant sur la droite des Français, les couper de Vienne.

Le 2 décembre, la bataille se livre entre le Goldbach et la Littawa.

Ordre de bataille de l'armée austro-russe (90,000 hommes) précédée de 2 avant-gardes en avant de ses ailes.

Droite : BAGRATION est à cheval sur la route d'Olmütz.

La cavalerie de LICHTENSTEIN le relie au centre.

Centre : KOLLOWRATH et MILORADOWICH occupent le plateau de Pratzen.

Gauche : BUXHŒWDEN a pour objectif Telnitz et Sokolnitz.

Ordre de bataille des Français (65,000 hommes) établi en vue d'un combat défensif-offensif.

Gauche : LANNES est face à BAGRATION sur le Santon.

La cavalerie de MURAT est face à celle de LICHTENSTEIN.

Centre : SOULT, qui forme le corps d'attaque. BERNADOTTE est placé derrière lui en 2e ligne.

Droite : La division LEGRAND, le long du Goldbach, défend Telnitz et Sokolnitz.

Réserve en 3e ligne : La garde et les grenadiers d'OUDINOT.

Les Russes attaquent la droite française. LANNES refoule BAGRATION (droite russe).

SOULT, soutenu par BERNADOTTE et MURAT, attaque le centre russe dégarni, et, se rabattant à droite, rejette dans l'étang de Satschan le centre et la gauche russes.

Traité de Presbourg (26 décembre). La Vénétie est réunie au royaume d'Italie, l'Istrie et la Dalmatie à l'empire français. La Bavière reçoit le Tyrol et devient royaume ainsi que le Wurtemberg.

PRÉLIMINAIRES ET PLANS DES ARMÉES

Quatrième coalition (Angleterre, Prusse, Russie, Suède).

CAUSES : La conquête du royaume de Naples (1806) donné à JOSEPH BONAPARTE, l'élévation de LOUIS BONAPARTE au trône de Hollande (1806), la formation de la Confédération du Rhin (Bavière, Wurtemberg, Bade, etc.). De plus, la Prusse a accepté de NAPOLÉON (1806) le Hanovre en toute propriété. Elle a appris que l'Empereur, négociant avec l'Angleterre, a songé à le lui reprendre : ses troupes ont envahi la Saxe.

FORCES ET PLAN DES ALLIÉS EN OCTOBRE 1806.

Deux armées russes sont en formation sur la Vistule.

Les Prussiens ont deux armées : La 1re ou armée du Roi (BRUNSWICK, 70,000 hommes) à Erfurt. Elle fait surveiller les défilés de la Thuringe et est flanquée à droite, à Eisenach, par un corps.

La 2e armée (HOHENLOHE, 50,000 hommes) à Iéna. Son avant-garde (LOUIS DE PRUSSE) a atteint Saalfeld ; elle est flanquée à gauche, à Schleitz, par TAUENZIEN.

Un corps de réserve (PRINCE DE WURTEMBERG, 150,000 hommes) est sur l'Elbe vers Magdebourg.

PLAN : Les Prussiens, croyant à tort nos corps dispersés sur le Mein, veulent les y surprendre en les coupant du Rhin. Primitivement, BRUNSWICK doit attaquer par Eisenach et Fulda, HOHENLOHE par Hoff et Schleitz. Mais à la suite de la concentration rapide des Français, BRUNSWICK appelle à lui HOHENLOHE ; il prendra ensuite un parti.

FORCES ET PLANS DES FRANÇAIS.

Sur le Mein 100,000 hommes en trois groupes.

À droite, à Bayreuth, SOULT et NEY.

Au centre, à Bamberg, MURAT, BERNADOTTE, DAVOUT, la garde.

À gauche, à Schweinfurt, LANNES et AUGEREAU.

À Mayence, MORTIER forme un corps de réserve (8e).

À Wesel, le roi LOUIS DE HOLLANDE rassemble une armée d'observation.

PLAN : Par une conversion à gauche, par Bayreuth, border la Saale, couper les Prussiens de l'Elbe et de leurs communications et les battre avant l'arrivée des Russes.

OPÉRATIONS JUSQU'A IÉNA

Les trois groupes des corps français du Mein pénètrent en Saxe en trois colonnes : Celle de droite, par Hof (9 octobre) et Géra, arrive le 12 à Auma ;

celle du centre, précédée de la cavalerie (avant-garde générale), suivie de la garde (réserve générale) et en pointe, par rapport aux deux autres, par Kronach et **Schleitz** (combat le 9 octobre contre TAUENZIEN, corps de gauche de la 2e armée), arrive le 12 à Auma ;

celle de gauche, par Cobourg et **Saalfeld** (10 octobre, combat contre l'avant-garde de la 2e armée ; LOUIS DE PRUSSE est tué), arrive le 12 à Iéna.

Les Prussiens croient n'avoir eu affaire qu'à des corps détachés et supposent que le gros de l'armée française suit la rive gauche de la Saale ; ils abandonnent alors la rive droite. Le 12, ils sont placés face au sud, la 1re armée vers Erfurt, la 2e entre Weimar et Iéna. Craignant ensuite d'être coupés de l'Elbe, ils se décident à se retirer derrière cette rivière. La 1re armée se dirigera vers l'Unstrutt, tandis que HOHENLOHE gardera les ponts de la Saale et en particulier celui d'Iéna.

IÉNA (14 octobre)

Le 13 octobre, l'armée française s'étendait sur la Saale, de Iéna à gauche, à Dornbourg à droite.

NAPOLÉON croit toute l'armée prussienne concentrée à Iéna et face à l'est. Il veut l'attaquer de front, tandis que DAVOUT et BERNADOTTE passeront la Saale, le premier pour prendre les Prussiens à revers par Kösen, le second pour tomber sur leur droite, ou se joindra à DAVOUT suivant le cas.

Or, NAPOLÉON se trouve seulement en présence de la 2e armée qui concourt à l'exécution du plan indiqué plus haut.

Le 13 au soir, le corps de LANNES s'empare du Landgrafenberg, plateau qui domine Iéna, insuffisamment occupé et qui masque la gauche prussienne.

Le 14, LANNES débouche du plateau avec AUGEREAU à sa gauche et SOULT à sa droite, et s'avance face à l'ouest, sur le flanc gauche prussien.

HOHENLOHE comprend qu'il a affaire à NAPOLÉON et veut faire face à l'attaque, c'est-à-dire à l'est, en pivotant sur les Saxons qui, appuyés à la Schnecke, de gauche deviendront droite.

Au cours de ce mouvement, SOULT vient appuyer l'attaque française de droite, NEY l'attaque de gauche. En même temps que le centre de l'ennemi est enfoncé, ses ailes sont débordées.

Retraite des Prussiens sur Weimar, remarquable par le retour offensif de leur corps de droite (RÜCHEL) et par la résistance des Saxons dont les carrés sont chargés par MURAT.

AUERSTÆDT (14 octobre)

Ce combat est une bataille de rencontre.

L'avant-garde du corps de DAVOUT (28,000 hommes), qui concourt à l'exécution du plan de l'Empereur exposé plus haut, se butte, le 14 octobre, en avant d'Hassenhausen, contre la cavalerie de BLÜCHER, avant-garde de la 1re armée (50,000 hommes) qui se dirige sur Naumbourg.

La division GUDIN se déploie, la gauche appuyée à Hassenhausen, et soutenue par la cavalerie de VIALANNES. Elle repousse la cavalerie de BLÜCHER et tient tête à la division SCHMETTAU, entrée elle-même en ligne.

WARTENSLEBEN vient prolonger SCHMETTAU à droite ; en arrière de lui, se trouve la cavalerie du prince GUILLAUME. La division FRIANT prolonge la division GUDIN à droite.

Entrée en ligne simultanée de la division MORAND, à la gauche de la division GUDIN, et d'ORANGE, à droite et à gauche de SCHMETTAU. Les Prussiens ont encore deux divisions en réserve.

Ses trois divisions engagées, DAVOUT passe à l'offensive, déborde les deux ailes de l'ennemi qui se retire sur Weimar.

Cette retraite se change en déroute, quand les Prussiens rencontrent les fuyards de la 2e armée.

Pendant l'action, BERNADOTTE, interprétant mal les ordres de l'Empereur, avait refusé son concours à DAVOUT et s'était seulement porté de Naumbourg à Apolda.

POURSUITE DES ARMÉES PRUSSIENNES
(Octobre et Novembre)

NAPOLÉON, qui a concentré ses corps pour combattre, les disperse pour poursuivre. Ils prennent trois directions :

À gauche, MURAT et NEY vont s'emparer d'**Erfurt** qu'occupait naguère l'armée du Roi, et ils y font 15,000 prisonniers (15 octobre).

Au centre, SOULT suit les débris des deux armées prussiennes qui longent le Harz à l'est et à l'ouest et peuvent gagner Magdebourg, leur point de ralliement.

À droite, BERNADOTTE atteint et enlève presque en entier à **Halle** (17 octobre) le corps de réserve du prince de WURTEMBERG qui gagnait aussi Magdebourg.

Enfin, le gros de l'armée entre à **Berlin** (27 octobre). NAPOLÉON y décrète le blocus continental.

HOHENLOHE, qui a organisé les débris des armées prussiennes, quitte Magdebourg (23 octobre) que NEY investit. Il marche ensuite sur Stettin en 3 colonnes : à gauche, la cavalerie ; au centre, l'infanterie ; à droite, un corps de flanqueurs ; il forme l'arrière-garde.

Ces colonnes trouvent devant elles MURAT et LANNES qui descendent la rive gauche de l'Oder. SOULT les suit en queue.

Zehdenick (26 octobre). LANNES et MURAT battent le corps de flanqueurs.

Prentzlow (28 octobre). Les mêmes font capituler HOHENLOHE et 15,000 hommes.

Pasewalk (30 octobre). MURAT fait capituler 6,000 hommes échappés de Prentzlow.

BLÜCHER avec l'arrière-garde et les débris de l'armée prussienne se jette dans **Lübeck**, où il est forcé par MURAT, SOULT et BERNADOTTE. Il se rend le 7 novembre.

Capitulations de **Stettin** (28 octobre) et de **Magdebourg** (8 novembre).

CAMPAGNE D'HIVER
(NOVEMBRE 1806-FÉVRIER 1807)

NAPOLÉON CHASSE LES RUSSES AU DELA DE LA VISTULE ET OFFENSIVE CONTRE BENNINGSEN

Après la mise hors de cause des armées prussiennes, NAPOLÉON se porte contre les Russes.

I. FORCES ET PLAN DES ALLIÉS : 1° Les Russes ont 100,000 hommes sous BENNINGSEN et BUXHŒWDEN. Le 15 novembre 1806, BENNINGSEN est arrivé sur la Vistule ; BUXHŒWDEN est plus en arrière ; 2° 15,000 Prussiens (LESTOCQ) se trouvent encore sur la basse Vistule.

PLAN : Défendre la ligne de la Vistule en s'appuyant sur Dantzig et sur Thorn.

II. FORCES ET PLAN DES FRANÇAIS : NAPOLÉON dispose des mêmes corps qu'en octobre 1806. Au cours de la campagne, le 8e (MORTIER) et le 9e (Allemands : JÉRÔME et VANDAMME) entreront en ligne ; le 10e (LEFEBVRE), destiné au siège de Dantzig, sera formé. VICTOR remplacera BERNADOTTE au 1er corps.

PLAN : Marcher de l'Oder sur la Vistule ; séparer, avec la gauche de l'armée, les Prussiens des Russes, et avec le reste rejeter ces derniers dans les marais du Nord.

Pour exécuter ses projets, l'Empereur dirige :

AUGEREAU et LANNES (35,000 hommes) sur Bromberg et Thorn.

DAVOUT (25,000 hommes) sur Posen et Varsovie. MURAT (10,000 cavaliers) devra rejoindre DAVOUT à Posen et le précéder à Varsovie.

JÉRÔME et VANDAMME (15,000 hommes) sur Kalisch, par la Silésie.

SOULT, BERNADOTTE et NEY suivront à distance.

Le 9 novembre, DAVOUT entre à Posen. (Soulèvement de la Posnanie contre les Prussiens. Séjournant à Posen, NAPOLÉON crée le royaume de Saxe.)

Le 28 novembre MURAT entre à **Varsovie**.

BENNINGSEN (35,000 hommes) abandonne la ligne de la Vistule et va occuper, entre le Narew et l'Ukra, une position couverte de forêts au sud, de marais au nord ; BUXHŒWDEN (15,000 hommes) vient se placer plus en arrière, à Ostrolenka.

NAPOLÉON veut repousser les Russes au delà du Niémen.

Le 23 décembre, ses corps passent la Vistule, de Varsovie à Thorn. Les troupes de BENNINGSEN, cernées par DAVOUT, LANNES et AUGEREAU, percent avec peine (bataille de **Czernowo**, 23 décembre), et se retirent partie sur Pultusk, partie sur Golymin.

Pultusk (26 décembre). Défaite des Russes par LANNES.

Golymin (26 décembre). Défaite des Russes par DAVOUT et AUGEREAU.

Soldau (26 décembre) est enlevée par NEY à notre extrême gauche, malgré la résistance désespérée des Prussiens de LESTOCQ.

OFFENSIVE DE BENNINGSEN

Les mauvais temps arrêtent les opérations. Les Français cantonnent sur la rive droite de la Vistule, en demi-cercle, s'appuyant au fleuve, couverts à gauche par le 1er corps (BERNADOTTE) en avant d'Elbing, à droite par le 6e (NEY) en avant de Thorn. Pendant ce temps, JÉRÔME et VANDAMME achèvent la conquête de la Silésie.

Nommé général en chef, BENNINGSEN reprend l'offensive au milieu de janvier. Masquant son mouvement par trois divisions, et à l'abri des forêts, il veut surprendre le 1er corps, tourner notre gauche, passer la Vistule vers Dirschau, délivrer Dantzig, forcer les Français à la retraite sur l'Oder.

Au cours de son mouvement, il est aperçu vers Heilsberg par LANNES qui se ravitaillait.

BERNADOTTE prévenu bat BENNINGSEN à **Mohrungen** (25 janvier), puis, par ordre, recule devant lui, en l'attirant jusqu'à Thorn.

L'Empereur va tourner les Russes par Allerstein, mais une dépêche interceptée leur dévoile ses projets, et ils se replient sur Kœnigsberg.

NAPOLÉON les poursuit, les harcèle et les atteint à Eylau. Ils ont été renforcés, malgré NEY, par LESTOCQ et ses Prussiens.

CAMPAGNE D'ÉTÉ
(JUIN-JUILLET 1807)

BATAILLE D'EYLAU
(8 février 1807)

Les Russes (environ 80,000 hommes) étaient suivis par 5 corps d'infanterie français et la cavalerie (60,000 hommes) marchant en 3 colonnes : à droite, DAVOUT ; au centre, SOULT, AUGEREAU, MURAT et la garde ; à gauche, NEY.

Quand ils s'arrêtent, le 7 février, à Eylau, seule la colonne du centre est en contact avec eux. Ils s'établissent sur des hauteurs : 5 divisions sur deux lignes, 2 divisions en réserve.

Le 7 au soir, SOULT se déploie en avant d'Eylau, entre deux villages. La garde est derrière son centre, au cimetière d'Eylau ; AUGEREAU est abrité derrière sa droite.

Le 8 au matin, lutte d'artillerie. Les formations denses des Russes à découvert, leur causent d'énormes pertes.

Arrivée, à notre droite, de la colonne de DAVOUT, qui repousse de ce côté les attaques des Russes.

Offensive française : AUGEREAU, lancé à travers les intervalles du corps de SOULT, perd sa direction, et son attaque en oblique échoue. MURAT, lancé du cimetière, doit le dégager.

Dans la soirée, arrivée de la colonne de gauche (NEY) qui décide la retraite des Russes sur Kœnigsberg.

Très éprouvés, les Français vont cantonner sur la Passarge, face à l'est, couverts par le 6e corps.

Siège et prise de **Dantzig** par le 10e corps (8 mars-26 mai 1807).

JUSQU'A FRIEDLAND

Le 5 juin, reprise de l'offensive par les Prussiens et les Russes, ces derniers débouchant de leur camp retranché de Heilsberg, pour forcer la Passarge.

Le corps de NEY subit l'attaque principale, et se retire en ordre sur l'armée.

Les Prussiens se retirent sur Kœnigsberg ; les Russes battent d'abord en retraite sur Heilsberg, puis ils cherchent à gagner Kœnigsberg, en traversant l'Alle.

NAPOLÉON, devinant ce projet, se porte à leur rencontre sur la rive gauche de l'Alle.

BATAILLE DE FRIEDLAND
(14 juin 1807)

L'armée russe passait l'Alle à Friedland et sur des ponts de bateaux, quand LANNES se heurte seul à elle, en avant de Heinrichsdorf. Pour faire croire à l'ennemi qu'il dispose de forces supérieures, il se déploie.

L'armée russe s'établit face à l'ouest, les ailes à l'Alle, la gauche en avant de Friedland, position qui couvre sa ligne de retraite. Cette gauche est isolée du gros de l'armée par le ravin de Mühlen-Fluss.

Arrivées successives des corps français : LANNES, et NEY (6e) à droite. VICTOR (1er) demeure en arrière de NEY, et la garde en réserve générale.

Tandis que le reste de l'armée entretient le combat, notre droite, précédée de la grande batterie de SÉNARMONT, écrase la gauche russe et entre à Friedland.

Offensive générale et succès complet des Français.

Le 18 juin, les Russes repassent le Niémen.

Les Prussiens abandonnent Kœnigsberg qui capitule à l'arrivée des Français.

En 1807, la Russie avait lutté contre la Turquie sur le Danube.

Les Anglais avaient cherché à mettre la main sur **Constantinople** (rôle du général SÉBASTIANI).

Traité de Tilsitt (17 juillet). La Russie s'allie à la France. D'une partie des États prussiens sont formés : 1° le royaume de Westphalie (entre le Rhin et l'Elbe) donné à JÉRÔME BONAPARTE ; 2° le grand-duché de Varsovie (Pologne prussienne) donné au roi de Saxe.

OPÉRATIONS DANS LA PÉNINSULE AVANT L'ARRIVÉE DE NAPOLÉON (1807-1808)

Le Portugal refusant d'adhérer au Blocus continental, NAPOLÉON s'entend avec l'Espagne pour le partage de ce royaume, auquel il déclare la guerre (1807).

JUNOT arrive à **Lisbonne** (novembre 1807) par la Sierra-Estrella, avec une armée épuisée.

CHARLES IV d'Espagne et son fils FERDINAND, en lutte l'un contre l'autre, ayant appelé en même temps NAPOLÉON, le nord de l'Espagne est occupé (novembre 1807-février 1808) par DUPONT et MONCEY (MURAT, général en chef, 55,000 hommes).

Révolte d'Aranjuez (mars 1808) contre GODOI, favori de CHARLES IV : FERDINAND est proclamé roi ; CHARLES abdique. MURAT entre alors à Madrid (mars 1808).

Entrevue de Bayonne (avril 1808) [NAPOLÉON, CHARLES IV et FERDINAND]. CHARLES IV revient sur son abdication et confère ses droits à NAPOLÉON, qui appelle au trône d'Espagne son frère JOSEPH, roi de Naples.

Alors éclatent la **révolte de Madrid** réprimée par MURAT, celle de toute l'Espagne et la formidable **insurrection de Saragosse** (mai 1808).

MONCEY marche sur Valence, DUPONT sur Cadix.

Medina-del-Rio-Seco (juillet 1808). Victoire de BESSIÈRES et de l'armée qui accompagne JOSEPH. Le nouveau roi entre à Madrid.

Ce succès ne compense pas l'échec de MONCEY devant **Valence** et la perte de l'escadre française, prise par les Anglais à **Cadix** (juin 1808).

D'autre part, DUPONT, qui a saccagé **Cordoue** (juin 1808), menacé d'être tourné par CASTAÑOS, doit se retirer sur Madrid. Mais, cerné dans la Sierra Morena, pris entre REDING et CASTAÑOS, il se rend à **Baylen**, engageant dans la capitulation son divisionnaire VEDEL, qui arrivait à son secours (juillet 1808).

JOSEPH ramène alors l'armée au nord de l'Èbre (août 1808). Le siège de Saragosse est levé.

Après Baylen, le Portugal se soulève. En août 1808, WELLESLEY y débarque avec 20,000 Anglais.

Vimeiro (août 1808). Victoire de WELLESLEY sur JUNOT dont l'armée est, en vertu de la **convention de Cintra** (septembre), transportée en France.

NAPOLÉON EN ESPAGNE (1808-1809)

Après l'entrevue d'Erfurt, NAPOLÉON amène 100,000 hommes en Espagne.

En novembre 1808, les victoires de **Burgos**, d'**Espinosa**, de **Tudela**, l'enlèvement du défilé de **Somo-Sierra**, précèdent son entrée à Madrid. Ces victoires sont remportées sur les forces espagnoles du Centre.

En décembre 1808, à l'aile gauche, SAINT-CYR débloque **Barcelone**, où DUHESME est assiégé, et bat les Espagnols à **Molins-del-Rey**.

En janvier 1809, à l'aile droite : **La Corogne**, victoire de SOULT sur les Anglais de MOORE qui, du Portugal, s'étaient avancés en Castille et se retiraient après les victoires de l'Empereur.

Les nouvelles d'Allemagne obligent NAPOLÉON à quitter l'Espagne.

OPÉRATIONS DANS LA PÉNINSULE APRÈS LE DÉPART DE NAPOLÉON (1809-1814)

Il y a 300,000 Français dans la Péninsule. Opérations militaires décousues. Guerre de guérillas.

Capitulation de Saragosse (février 1809) [LANNES et PALAFOX].

Ciudad-Real (mars 1809). Victoire de VICTOR sur les Espagnols de la CUESTA (armée de la Manche).

Medellin (mars 1809). Victoire de SEBASTIANI sur les Espagnols de VENEGAS (armée de l'Estramadure).

En mars 1809, SOULT envahit le Portugal et occupe **Oporto**. WELLESLEY le contraint de l'évacuer (mai 1809), puis il quitte lui-même le Portugal, pour rallier les armées espagnoles de la CUESTA et de VENEGAS.

A **Talavera**, où il a formé une masse de 65,000 Anglo-Espagnols, il soutient contre JOSEPH (VICTOR et SEBASTIANI) une bataille indécise (juillet 1809) et rentre en Portugal.

Almonacid (août 1809). Victoire de SEBASTIANI sur les Espagnols (VENEGAS).

Ocaña (novembre 1809). Victoire de MORTIER sur les Espagnols.

En 1810, le roi JOSEPH et SOULT doivent conquérir l'Andalousie, puis envahir par le sud le Portugal, où NEY pénétrera par le nord.

Les premiers s'emparent de **Cordoue** (janvier) et de **Séville** (février), mais échouent contre Cadix et font ainsi manquer l'offensive de NEY.

Alors, trois armées françaises sont formées dans la Péninsule : 1ᵉ armée de Portugal (MASSÉNA) ; 2ᵉ armée du Sud (SOULT) ; 3ᵉ armée du Centre ou de réserve (JOSEPH).

Au Portugal, MASSÉNA vient se briser contre les lignes de **Torrès-Vedras** (1810-1811), établies entre la mer et le Tage par WELLESLEY, devenu LORD WELLINGTON ; SOULT, au lieu de le soutenir, s'est contenté de prendre **Badajoz** (janvier-mars 1811) à la frontière portugaise. MASSÉNA évacue le Portugal.

WELLINGTON se portant alors sur **Fuentes-de-Oñoro** (mai 1811), MASSÉNA lui livre une bataille indécise.

En juin 1811, MARMONT, successeur de MASSÉNA, et SOULT réunis obligent WELLINGTON à lever le siège de **Badajoz**.

SUCHET s'empare de **Tarragone** en juin 1811, remporte, en octobre, une victoire devant **Valence** sur l'Anglais BLAKE qui lui livre cette place en janvier 1812.

WELLINGTON se rend maître de **Ciudad-Rodrigo** (janvier 1812) et de **Badajoz** (avril 1812), bat MARMONT aux **Arapiles** près de Salamanque (juillet 1812). Entrés à Madrid (août 1812), les Anglais évacuent cette capitale lors d'un retour offensif de JOSEPH (octobre 1812).

En 1813, WELLINGTON, généralissime des forces anglaises, espagnoles et portugaises, bat JOSEPH à **Vitoria** (juin). L'Espagne est perdue ; SOULT, général en chef, ramène vers les Pyrénées les troupes françaises.

En 1814, WELLINGTON s'empare successivement des lignes de la Bidassoa, de la Nivelle et de la Nive et livre à SOULT les batailles d'**Orthez** (27 février) et de **Toulouse** (10 avril).

PRÉLIMINAIRES
PLANS ET PREMIÈRES OPÉRATIONS

Cinquième coalition (Autriche, Angleterre, Espagne, Portugal). Causes : En 1807, l'Angleterre s'était aliéné l'Europe par le bombardement de **Copenhague**. Mais en 1808, Napoléon se l'aliène aussi par sa rupture avec le pape et son intervention en Espagne. D'autre part, l'Autriche désirait réparer ses désastres de 1805.

Malgré l'**entrevue d'Erfurt**, Alexandre ne prêtera aucun secours à Napoléon ; les guerres qu'il soutient contre la Suède et la Turquie lui servent de prétexte.

FORCES EN PRÉSENCE.

1° *Autrichiens.* — 300,000 hommes prendront l'offensive en Pologne (archiduc Ferdinand) ; en Italie (archiduc Jean) ; en Allemagne (archiduc Charles : 150,000 hommes).

2° *Français.* — En Italie se trouve le prince Eugène ; en Pologne Poniatowski organise une armée ; en Allemagne, il y aura 140,000 Français et Allemands alliés.

Sur ce dernier théâtre, le principal, Berthier, major général, dispose, dès avril, des corps de Davout (3e), concentré vers Ratisbonne ; de Masséna (4e), vers Ulm ; de Lefebvre (7e Bavarois), sur l'Isar. Ces corps seront rejoints par ceux de Lannes (2e), de Vandamme (8e), de Bernadotte (9e), ces deux derniers formés de Badois, de Hessois, de Saxons, de Wurtembergeois.

PLAN DES GÉNÉRAUX.

1° *Français.* — Napoléon prescrit à Berthier de garder d'abord la défensive. Il profitera ensuite d'une occasion favorable pour marcher sur Vienne.

Berthier divise ses forces en deux masses principales, trop éloignées : Davout à Ratisbonne, Masséna à Augsbourg. Les Bavarois sont en avancée sur l'Isar.

2° *Autrichiens.* — Tandis que deux corps de l'armée sous Bellegarde déboucheront de Bohême pour opérer sur la rive gauche du Danube, l'archiduc Charles passera l'Inn avec six corps et pointera sur le Danube pour séparer complètement les deux masses françaises et les battre tour à tour.

Ce dernier plan reçoit un commencement d'exécution : au mois d'avril, l'archiduc Charles rejette au delà de l'Abens les Bavarois de Lefebvre établis sur l'Isar.

BATAILLE DE CINQ JOURS
OU DE RATISBONNE (19-23 avril 1809)

Arrivé à l'armée, Napoléon donne l'ordre aux deux masses françaises de se resserrer sur le centre marqué par les Bavarois.

Pour l'exécution de cet ordre, Masséna et Davout (ce dernier en quatre colonnes en échelons) exécutent chacun, le 19 avril, une marche de flanc, tandis que l'archiduc, venant du sud (en trois colonnes) pointe sur le Danube.

Tengen (19 avril). Rencontre des colonnes de l'archiduc et de celles de Davout, qui conserve l'avantage et assure sa liaison avec le gros de l'armée.

Abensberg (20 avril). L'Empereur attaque les Autrichiens de front, pendant que Masséna dessine un mouvement sur leur gauche. Le soir, Charles se trouve vers Eckmühl, tandis que ses deux corps de gauche (Hiller et Louis) se retirent sur Landshut.

Eckmühl (22 avril). Le 21, Napoléon se porte vers Landshut contre la gauche de Charles, où il suppose le centre de gravité de l'armée ennemie. Cette gauche est rejetée au delà de l'Isar, tandis que Davout, prenant l'offensive, se heurte à Eckmühl au gros de l'ennemi qu'il tient en échec et trompe sur ses forces en se déployant. Arrivée pendant ce temps, à Ratisbonne, d'un des corps de Bellegarde venant de la rive gauche, ce qui amène la capitulation du 65e français, laissé dans la ville, et ce qui assure à Charles une ligne de retraite.

Le 22 avril, l'archiduc occupe, face au sud, une position marquée à gauche par les hauteurs d'Eckmühl. Il a 4 corps de manœuvre qu'il dissémine et dont les attaques sur notre gauche échouent, et 2 corps en position, tenus en respect par Davout. Lorsque Napoléon arrive de Landshut, il attaque de front les corps en position, tandis que Davout tombe sur le flanc droit de l'ennemi. L'archiduc repasse le Danube à Ratisbonne et rejoint Bellegarde.

Prise de Ratisbonne par les Français (23 avril).

ÉVÉNEMENTS DES THÉÂTRES SECONDAIRES.

Sacile (16 avril). L'archiduc Jean rejette Eugène derrière l'Adige.

En Pologne, l'archiduc Ferdinand entre à Varsovie évacuée par Poniatowski.

Le Tyrol est soulevé par Jellachich.

DE RATISBONNE A WAGRAM
(23 avril-6 juillet 1809)

MARCHE DES FRANÇAIS APRÈS RATISBONNE.

Davout suit la rive gauche du Danube, observant l'archiduc Charles qui se retire en Bohême.

Le gros de l'armée suit la rive droite.

La cavalerie de Bessières, Lannes et la garde poursuivent Hiller et Louis dans la direction de Braunau.

Les Bavarois flanquent l'armée à droite, en longeant les montagnes.

Passage de l'Inn, de la Traun (Ebersberg, 3 mai. Combat contre l'avant-garde de Hiller qui tente de joindre Charles sur la rive droite du Danube) ; passage de l'Enns.

Hiller franchit le Danube à Krems et joint Charles.

Entrée à Vienne des Français (13 mai). Les ponts n'existent plus.

PASSAGE DU DANUBE.

L'archiduc s'est porté au nord et vis-à-vis de Vienne.

Napoléon fait croire à l'ennemi qu'il veut franchir le fleuve en amont de Vienne.

Son point de passage réel est à Ebersdorf. Le Danube y forme deux grands bras, puis un petit bras, ce dernier bordant la rive gauche et séparé du deuxième grand bras par l'île Lobau.

Le 17 mai, occupation de l'île Lobau, qui servira de tête de pont. Le 20, la moitié de l'armée débouche sur la rive gauche, entre Aspern, à gauche, et Essling, à droite.

Journées d'Essling. Le 21 mai, attaque inutile de l'archiduc Charles contre Aspern (Masséna) et Essling (Lannes).

Le 22 mai, offensive française. Nous conservons les villages et Lannes enfonce le centre ennemi. Mais la rupture des ponts (crue du fleuve) détermine notre retraite, à la nuit, dans l'île Lobau, opération couverte par Lannes qui se sert des deux villages comme point d'appui, et est tué.

Pendant ce temps, l'archiduc Jean, battu par Eugène et Macdonald sur le Raab et sur la Piave, rétrograde et gagne Presbourg.

Poniatowski, par une diversion en Galicie, oblige Ferdinand à la retraite.

Lefebvre a pénétré dans le Tyrol, battu Jellachich et occupé **Inspruck**.

BATAILLE DE WAGRAM
(6 juillet 1809)

L'armée reste six semaines dans l'île Lobau. Elle y est rejointe par Eugène et par le corps de Dalmatie (Marmont).

Dans la nuit du 4 au 5 juillet, elle passe sur la rive droite au-dessous d'Enzersdorf et débouche sur la gauche des Autrichiens qui ont fortifié et occupé Aspern, Essling et Enzersdorf.

Ses 150,000 hommes (avec 550 canons) sont sur trois lignes :

1re ligne. — Masséna, Oudinot, Davout.

2e ligne. — Marmont, Bernadotte, Eugène.

3e ligne. — Les Bavarois, la garde, la réserve de cavalerie.

Les Autrichiens se retirent sur les hauteurs de Wagram : la droite, du Danube à Wagram ; la gauche, derrière le Rüssbach, de Wagram à Neusiedel.

L'armée française se porte en avant, fait une conversion à gauche, les corps de première ligne s'écartant et ceux de deuxième ligne prenant place dans les intervalles.

Le 5 au soir, combat indécis.

Le 6, les Autrichiens veulent nous couper du fleuve avec leur droite.

Leurs ailes prennent à la fois l'offensive. Leur gauche échoue devant notre droite (Davout). Masséna, appuyé par 100 pièces de canon établies en face du centre de l'ennemi, s'oppose au mouvement de la gauche.

Offensive générale française : A notre centre, la colonne de Macdonald (3 divisions d'infanterie en colonne, 100 canons, cavalerie aux ailes) s'empare de Wagram sur le centre ennemi. A notre droite, Davout emporte Neusiedel sur la gauche ennemie, après une attaque de flanc bien préparée par l'artillerie et combinée avec une attaque de front.

Retraite de l'archiduc Charles sur la Moravie et la Bohême. Arrivée de l'archiduc Jean après la bataille.

Armistice de Znaïm (12 juillet), signé après deux combats livrés à Znaïm à l'arrière-garde autrichienne (9 et 11).

Traité de Vienne (14 octobre). La Bavière s'étend sur l'Inn, le grand-duché de Varsovie en Galicie. A l'empire français s'ajoute la Carniole ; l'Autriche nous paie 200 millions.

En 1810, Napoléon épousera Marie-Louise d'Autriche.

PRÉLIMINAIRES ET OPÉRATIONS JUSQU'A WILNA

Causes de la guerre : Agrandissement du Grand-Duché de Varsovie qui fait craindre à la Russie la reconstitution du royaume de Pologne. Réunion à l'Empire de la Hollande et d'Oldenbourg. Le Blocus continental. Prohibition en Russie des produits français.

Négociations inutiles en 1811.

Bernadotte, roi de Suède, s'allie en 1812 à la Russie qui lui promet la Norvège. En 1812 aussi, la Russie fait la paix avec la Turquie.

Quand la guerre est déclarée, les armées sont déjà en présence.

I. **Russes** : 1re armée de l'Ouest : Barclay de Tolly, 130,000 hommes (base d'opérations sur la Dwina).

2e Armée de l'Ouest : Bagration, 60,000 hommes (base d'opérations sur le Dniéper).

Armée de Wolhynie : Tormasoff, 40,000 hommes.

Armée de Moldavie : Tchitchakoff, 60,000 hommes.

Les Russes garderont la défensive et chercheront à nous épuiser sans s'engager à fond.

II. **Français** : Avec leurs alliés ils comptent environ 600,000 hommes, dont 450,000 en première ligne. Vers la fin de juin, ils abordent le Niémen dans l'ordre suivant :

Colonne d'extrême gauche : Prussiens de Macdonald (30,000 hommes).

Colonne de gauche à Kowno : Napoléon avec trois corps d'infanterie, la garde et deux corps de cavalerie (220,000 hommes).

Colonne du centre vers Grodno : Le prince Eugène, avec l'armée d'Italie, deux corps d'infanterie et un de cavalerie (80,000 hommes).

Colonne de droite : Jérôme, roi de Westphalie avec trois corps d'infanterie et un de cavalerie (80,000 hommes).

Colonne d'extrême droite : Autrichiens de Schwartzenberg (30,000 hommes).

Deux corps (Augereau et Victor) sont en réserve en Allemagne).

Napoléon veut se porter sur Wilna pour séparer les armées russes et les buttre tour à tour.

Les Français passent le Niémen (24 juin).

Barclay et Bagration veulent se réunir dans le camp de Drissa.

Barclay, quittant Wilna, réussit à gagner ce camp.

Napoléon occupe **Wilna** (28 juin).

DE WILNA A SMOLENSK

1° Opérations contre Bagration.

Davout, détaché de Wilna, et le roi Jérôme venant de Grodno, cherchent à envelopper Bagration marchant sur Drissa. Davout surprend **Minsk** (8 juillet), mais Jérôme ne se hâte pas suffisamment de marcher sur Bobruisk et Bagration, qui se replie précisément sur cette ville, réussit à s'échapper.

Mohilew (23 juillet). Davout, avec son corps et les forces de Jérôme que l'Empereur a placées sous sa dépendance, ne peut empêcher Bagration de passer le Dniéper et de joindre Barclay à Smolensk.

2° Opérations contre Barclay.

Napoléon laisse devant Drissa Oudinot et Ney, et veut, passant la Dwina à Polotsk, tourner Barclay par sa gauche. Mais Barclay s'aperçoit de son projet, laisse Wittgenstein pour couvrir Pétersbourg et décampe sur Witepsk par la rive droite de la Dwina. Napoléon le suit, marchant sur la rive gauche, puis passe la Dwina.

Ostrowno (25 et 26 juillet). Combats livrés par l'arrière-garde russe qui s'est arrêtée. Mais Barclay, qui voulait engager un combat décisif, renonce subitement à son projet et reprend sa marche sur Smolensk, où il compte retrouver Bagration.

Après ces opérations, le gros de l'armée, qui est épuisée, reste inactif du 27 juillet au 7 août, dans la trouée de Sourage entre la Dwina et le Dniéper. A gauche, Oudinot et Macdonald surveillent Wittgenstein ; à droite, Schwartzenberg contient Tormasoff.

Opérations autour de Smolensk.

Le 7 août, offensive molle des Russes qui s'avancent au delà de Smolensk. Le 10, Napoléon passe le Dniéper, et, s'élevant sur le flanc gauche des Russes, marche sur Smolensk.

Krasnoë (14 août). Héroïque résistance d'une division détachée de l'armée russe.

Prise de Smolensk (17 août). L'armée russe rétrograde sur Smolensk, défend courageusement la ville, et bat en retraite après l'avoir incendiée.

Valoutina (19 août). Victoire de Ney sur Barclay, qu'il poursuit.

Kutusoff est nommé généralissime des armées russes.

DE SMOLENSK A MOSCOU

Les Russes arrêtent leur retraite pour attendre Napoléon sur le plateau de Borodino.

Bataille de la Moskowa (7 septembre). La position russe occupée par 135,000 hommes est limitée à droite par la Moskowa, à gauche par les bois d'Outitza, et fortifiée au centre par une grande Redoute et trois flèches, avec, en avancée, la redoute de Schwardino.

A droite, Barclay s'étend jusqu'à la Grande-Redoute, à gauche, Bagration appuie sa droite aux flèches.

Les Français (120,000 hommes) arrivent sur trois colonnes. La division Compans s'empare de Schwardino. Puis, le prince Eugène, au centre, se rend maître de Borodino et de la Grande-Redoute, tandis qu'après plusieurs tentatives, Ney emporte les flèches que Davout déborde en longeant les bois d'Outitza.

Mais, faute de renforts, Eugène et Ney ne peuvent compléter leur succès.

Kutusoff fait alors appuyer sa droite sur son centre.

Barclay reprend la Grande-Redoute. Bagration échoue contre les flèches défendues par Murat et Ney ; il est dégagé par une diversion des Cosaques de Platow.

L'infanterie d'Eugène, la cavalerie de Caulaincourt (celle-ci passant par la gorge de l'ouvrage), soutenues par l'artillerie de Ney et de Murat, s'emparent de nouveau de la Grande-Redoute.

Ney et Murat poursuivent l'ennemi en retraite, qui s'arrête sur une ligne de hauteurs. Jusqu'à la nuit, violente canonnade.

Napoléon à **Moscou** (14 septembre). Incendie de la ville le 15. L'armée y reste un mois.

LA RETRAITE

Winkowo (18 octobre). Murat, campé au sud de Moscou, est surpris par Kutusoff, mais repousse son attaque.

L'armée française (100,000 hommes) sur 4 colonnes prend d'abord la route de Kalouga, par Taroutino, suivie en queue par Kutusoff, menacée au nord par Wittgenstein et au sud par Tchitchakoff.

Puis, elle se dirige brusquement sur **Malo-Jaroslawetz**, où les Russes lui barrent la route (24 octobre). Le prince Eugène, après de grandes pertes, réussit à percer.

Marche sur Smolensk. Les Russes nous suivent latéralement à gauche.

Wiazma (2 novembre). Ils livrent combat à notre arrière-garde commandée par Davout et secourue par Ney. Le corps de ce dernier forme, à son tour, l'arrière-garde.

Arrivée à **Smolensk** (9-14 octobre) de l'armée réduite à 50,000 hommes.

Krasnoë (17 novembre). Ney est coupé de l'armée par Kutusoff. Il passe le Dniéper sur la glace et rejoint l'armée le 20 novembre.

Passage de la Bérésina [26 novembre (Éblé, 2 ponts)] protégé sur la rive droite par Oudinot opposé à Tchitchakoff qui vient du sud, et devant lequel Schwartzenberg a battu en retraite, et sur la rive gauche par Victor, opposé à Wittgenstein qui vient du nord et à Kutusoff qui suit toujours l'armée.

A **Smorgoni** (5 décembre), Napoléon, rappelé en France (conspiration de Malet), laisse le commandement à Murat.

Arrivée de l'armée à **Wilna** (8 et 9 décembre), puis à **Kowno** (13 décembre), où Ney livre le dernier combat d'arrière-garde, et enfin à **Kœnigsberg**.

JUSQU'APRÈS L'ARMISTICE DE PLESWITZ (avril-15 août)

FORCES EN PRÉSENCE.	La campagne de 1813 est la suite naturelle de celle de 1812. A la Russie se joignent, pour former la **sixième coalition**, l'Angleterre, l'Espagne, le Portugal et la Prusse. A la fin d'avril, NAPOLÉON dispose de 215,000 hommes répartis entre : 1° L'armée de l'Elbe à Magdebourg sous le prince EUGÈNE, formée des débris de la Grande Armée (corps de LAURISTON, de REYNIER et de MACDONALD); 2° L'armée du Mein (corps de NEY, de BERTRAND, de MARMONT et d'OUDINOT). De plus, nous avons des garnisons en Allemagne, et une en formation sur le Rhin. A la même époque, 220,000 Russes et Prussiens, sous KUTUSOFF et BLÜCHER, ont envahi la Saxe et sont entrés à **Dresde**.
PLAN DES ARMÉES.	1° *Français*. — L'armée du Mein, dont NAPOLÉON viendra prendre le commandement, gagnera la Saale par Erfurt et Weimar, la suivra, joindra l'armée de l'Elbe à Lützen, puis se rabattra sur la droite des alliés, vers Leipzig. 2° *Alliés:* — Ils chercheront à nous couper du Rhin, en tournant notre droite.

Weissenfels (29 avril). L'avant-garde des coalisés rencontre celle du corps de NEY et est repoussée par elle.

Lützen (2 mai). L'armée du Mein ayant débouché de la Saale dans la plaine de Lützen et fait sa jonction avec celle de l'Elbe, les Français continuaient leur mouvement pour tomber sur le flanc droit de l'ennemi, au moyen d'une conversion à droite, le corps de NEY servant de pivot. Mais, au cours de ce mouvement, les alliés se portent en masse sur ce dernier corps qui résiste vigoureusement à Kaja et est prolongé à droite par celui de MARMONT, puis par celui de BERTRAND. Craignant de voir leur gauche coupée, les alliés, sans se séparer, se retirent par Dresde sur l'Elbe, puis sur la Sprée.

NAPOLÉON, supposant que les Prussiens se dirigeront sur Berlin, détache dans cette direction NEY, avec LAURISTON et REYNIER.

Entrée à Dresde des Français (9 mai).

Bautzen (20 et 21 mai). Les alliés s'arrêtent à Bautzen, position présentant deux lignes de hauteurs parallèles. Le 20, ils occupent la première, qui borde la Sprée, établis en arrière de Bautzen, la droite à des marais, la gauche aux montagnes.

Passage de la Sprée et attaques de front successives par les corps de l'armée de l'Elbe de cette première ligne qui, à 6 heures du soir, est au pouvoir des Français.

Le 21, résistance des alliés sur la deuxième ligne, BLÜCHER étant placé en avancée; NAPOLÉON les attaque de front. L'armée de NEY, rappelée par l'Empereur de la direction de Berlin, arrive à temps pour tomber sur le flanc droit des alliés et les derrières de BLÜCHER. Retraite au delà de l'Oder du gros des forces ennemies. Comme après Lützen, le manque de cavalerie rend notre succès incomplet. NAPOLÉON suit l'ennemi vers Braunau et détache OUDINOT sur Berlin.

Armistice de Pleswitz (4 juin-15 août). L'Autriche, médiatrice, demande la suppression du grand-duché de Varsovie et de la Confédération du Rhin, la reconstitution de la Prusse, l'évacuation de l'Espagne, de la Hollande, de la Suisse, des provinces illyriennes et des villes hanséatiques.

NAPOLÉON refusant, elle se joint, ainsi que la Suède, à la coalition. Les alliés violent, le 15 août, l'armistice conclu d'abord pour deux mois, et prolongé ensuite jusqu'au 16 août.

DE LA RUPTURE DE L'ARMISTICE JUSQU'A LEIPZIG
(15 août-15 octobre)

Les coalisés, réorganisés et renforcés pendant l'armistice ont trois armées principales :

1° Armée du Nord. — 130,000 hommes sous BERNADOTTE, prince royal de Suède depuis 1810 (Prussiens, Russes, Suédois) sur le Havel, doivent menacer notre flanc gauche ;

2° Armée de Silésie. — 200,000 hommes sous BLÜCHER (Prussiens, Russes, Suédois) sur l'Oder, doivent nous attaquer de front ;

3° Armée de Bohême. — 230,000 hommes sous SCHWARTZENBERG (Prussiens, Autrichiens et Russes) à Prague doivent menacer notre flanc droit.

Du côté français : 1° trois corps d'infanterie et deux de cavalerie, soit 75,000 hommes, sous OUDINOT, opposés à l'armée du Nord ; 2° quatre corps d'infanterie, soit 100,000 hommes sous NEY, opposés à l'armée de Silésie ; 3° quatre corps d'infanterie et deux de cavalerie, soit 75,000 hommes, opposés à l'armée de Bohême. Un corps d'infanterie (GOUVION-SAINT-CYR) occupe les passages des monts des Géants, les autres corps (VICTOR, VANDAMME, PONIATOWSKI) ceux de l'Erz-Gebirge.

OPÉRATIONS CONTRE LES ARMÉES DE BOHÊME ET DE SILÉSIE

Dès le 15 août, BLÜCHER envahit le pays neutre. Il rejette les corps de NEY au delà de la Bober.

NAPOLÉON se porte contre lui, le refoule à son tour (21 et 22 août) derrière la Katzbach, et laisse devant lui MACDONALD avec trois corps.

L'Empereur se porte ensuite avec sa garde, le 6° corps confié à NEY et la cavalerie de MURAT au secours de GOUVION-SAINT-CYR, retranché dans Dresde et en présence de l'armée de Bohême, entrée en Saxe par l'Erz-Gebirge.

Dresde (26 et 27 août). Ayant rallié le corps de VICTOR, NAPOLÉON dispose alors, pour livrer bataille, de trois corps et de la garde. Le 26, la journée est indécise. Le 27, l'Empereur attaque l'armée de Bohême, et la déborde avec ses deux ailes pivotant autour des retranchements de Dresde.

L'ennemi se retire sur la Bohême, poursuivi mollement par MURAT, MARMONT et GOUVION-SAINT-CYR.

Kulm (29-30 août). Avant la bataille de Dresde, VANDAMME s'était porté, d'après l'ordre de l'Empereur, vers Toeplitz sur la ligne de retraite de l'ennemi. Isolé, non soutenu par les maréchaux envoyés à la poursuite des vaincus de Dresde, entouré dans les montagnes par des forces très supérieures, il est écrasé le 30 août, après un avantage remporté le 29.

Après la bataille de Dresde, l'Empereur vole au secours de MACDONALD (3 septembre) qui a été battu par BLÜCHER à **La Katzbach** (29 août) et a reculé jusqu'à Bautzen.

BLÜCHER refuse le combat à NAPOLÉON.

OPÉRATIONS CONTRE L'ARMÉE DU NORD

Grossbeeren (23 août). Victoire de l'armée du Nord sur OUDINOT.

Dennewitz (6 septembre). Victoire de l'armée du Nord sur NEY, successeur d'OUDINOT.

BATAILLE DE LEIPZIG ET RETRAITE
(15 octobre-4 novembre)

NAPOLÉON, à la suite des défaites de ses lieutenants, concentre ses corps autour de Dresde.

Mais BERNADOTTE et BLÜCHER ayant passé l'Elbe, et se portant sur Leipzig par le nord, tandis que SCHWARTZENBERG s'y porte par le sud, tous trois dans le but de nous couper de nos communications, l'Empereur se dirige lui-même sur cette ville, dans l'espoir de les battre séparément.

Le 15 octobre, NAPOLÉON dispose de 120,000 hommes, concentrés sous Leipzig. MURAT et cinq corps d'armée sont placés face au sud, sur le plateau de Wachau, tandis qu'un corps observe, face au nord, les armées du Nord et de Silésie, et qu'un autre est placé en arrière de Lindenau, sur notre ligne de retraite.

Le 16 octobre, MURAT résiste avec succès à une attaque de l'armée de Bohême qui a marché sur cinq colonnes, puis il prend l'offensive, mais échoue devant la résistance de la gauche alliée.

Le 17 octobre, arrivée des armées du Nord et de Silésie et concentration de nos corps en demi-cercle, autour du pont de Lindenau. Combat d'artillerie.

Le 18 octobre, nous résistons opiniâtrement aux attaques de SCHWARTZENBERG, au sud, de BLÜCHER, au nord, de BERNADOTTE, à l'est. Défection des Saxons.

Le 19 octobre, l'armée française repasse l'Elster (mort de PONIATOWSKI). Retraite.

Hanau (29 octobre). Victoire de NAPOLÉON sur les Autrichiens et les Bavarois (ces derniers ayant fait défection après Leipzig) sous DE WREDE, qui tentent de nous barrer le passage.

L'armée française arrive à Mayence le 4 novembre.

Les **capitulations de Dresde** (SAINT-CYR, 1813), de **Hambourg** (DAVOUT, 1814) et de **Dantzig** (RAPP, 1814) livreront aux alliés 100,000 Français.

OPÉRATIONS CONTRE SCHWARTZENBERG ET BLÜCHER
(26 janvier-7 février)

Après les événements de 1813 et les **propositions de Francfort** acceptées trop tard par NAPOLÉON (on offre à la France ses limites naturelles), les coalisés veulent marcher en masse sur Paris, savoir :

1° Armée du Nord (WINTZINGERODE, 40,000 hommes) du Wahal, par la Belgique et la vallée de l'Oise ;

2° Armée de Silésie (BLÜCHER, 110,000 hommes) de Coblence, par Nancy et la vallée de la Marne ;

3° Armée de Bohême (SCHWARTZENBERG, 80,000 hommes) de Bâle, par Langres et la vallée de la Seine.

NAPOLÉON peut disposer presque immédiatement de 75,000 hommes échelonnés derrière le Rhin, de Strasbourg à Coblence, et de la garde en Belgique.

En outre, le prince EUGÈNE est sur l'Adige, SOULT en deçà des Pyrénées, AUGEREAU à Lyon.

Ayant rallié ses maréchaux et fait appel à la conscription, l'Empereur a réuni, le 25 janvier, 120,000 hommes : le gros à Vitry sous NEY, VICTOR et MARMONT, la droite vers Troyes sous MORTIER, reliée au gros par GÉRARD ; la gauche en marche de Mézières sur Châlons sous MACDONALD.

L'Empereur veut battre séparément BLÜCHER arrivé sur la Marne, SCHWARTZENBERG arrivé sur la Seine, WINTZINGERODE encore à Namur.

Saint-Dizier (27 janvier). Dans ce but, prenant avec son centre l'offensive, il bat la division LANDSKOÏ, qui flanque BLÜCHER à droite.

Brienne (29 janvier). Nouvelle offensive avec NEY et VICTOR contre BLÜCHER qui vient passer l'Aube à Lesmont pour joindre SCHWARTZENBERG ; BLÜCHER se concentre à Brienne, puis, après un combat, se retire sur Bar-sur-Aube. Vers cette ville, il joint SCHWARTZENBERG.

La Rothière (1er février). NAPOLÉON, qui a suivi BLÜCHER, ignore cette réunion. Avec 40,000 hommes (GÉRARD, VICTOR, MARMONT, NEY), il se heurte à 140,000 alliés. S'apercevant de son infériorité, il veut battre en retraite, mais il est attaqué. Menacé d'être tourné par la rive gauche de l'Aube, il se retire sur Troyes par Lesmont, puis sur Nogent-sur-Seine.

Après La Rothière, les alliés se séparent : BLÜCHER suivra la Marne, SCHWARTZENBERG la Seine, débordant l'Empereur tour à tour sur chaque aile. Quand ils l'auront suffisamment usé, ils se réuniront pour l'écraser.

NAPOLÉON, de son côté, veut prendre une position centrale sur les falaises de Champagne, et se porter aux points les plus menacés. Il envoie MACDONALD sur la Marne, VICTOR et OUDINOT sur la Seine, de Montereau à Romilly.

OPÉRATIONS CONTRE BLÜCHER
(9-14 février)

Tandis qu'au congrès de **Châtillon** les alliés offrent en vain, à la France, ses limites de 1790, BLÜCHER a refoulé MACDONALD.

De Nogent, NAPOLÉON se porte contre lui.

L'armée de Silésie, venant de Châlons, suit la Marne en quatre colonnes : YORK (rive droite) ; SACKEN, OLSOUVIEFF, BLÜCHER (rive gauche).

Champaubert (10 février). NAPOLÉON bat la colonne d'OLSOUVIEFF.

Se trouvant, dès lors, au milieu de l'armée de Silésie, il laisse MARMONT à Étoges pour observer, face à l'Est, la colonne de BLÜCHER.

Montmirail (11 février). Il bat SACKEN, qui a rétrogradé pour secourir OLSOUVIEFF.

Château-Thierry (12-13 février). Le 12, victoire sur l'arrière-garde d'YORK. Celui-ci avait passé la Marne pour secourir SACKEN, avait pu le rallier et se repliait.

YORK s'échappe par le pont de Château-Thierry qu'il fait sauter. Le 13, le pont rétabli, MARMONT poursuit l'ennemi.

Vauchamps (14 février). NAPOLÉON rétrograde pour battre BLÜCHER qui a refoulé MARMONT. Ce dernier est ensuite détaché contre BLÜCHER en retraite sur Châlons.

OPÉRATIONS CONTRE SCHWARTZENBERG
(17-27 février)

Pendant ce temps, SCHWARTZENBERG a rejeté VICTOR et OUDINOT derrière l'Yères et forcé la Seine à Bray.

NAPOLÉON, avec le corps de MACDONALD, rejoint ses lieutenants le 17 février et marche contre SCHWARTZENBERG, qui, en trois colonnes parallèles à la Seine, suit la rive droite.

Le 17 février, VICTOR, qui marche en tête de la colonne française, bat à **Mormant** l'avant-garde de la colonne de droite (WITTGENSTEIN), puis, le même jour, à **Valjonan**, celle de la colonne du centre (DE WREDE).

Les alliés repassent sur la rive gauche.

Montereau (18 février). Pour protéger cette retraite, WURTEMBERG (colonne du centre) s'établit sur la rive droite, les ailes à la Seine, en avant de Montereau. VICTOR échoue d'abord contre le centre ennemi qui cède devant GÉRARD (réserve de Paris) dont l'attaque est soutenue par une batterie de 60 pièces.

La cavalerie de PAJOL tourne sa gauche. Suivi par l'Empereur, SCHWARTZENBERG se retire sur Troyes, où il semble vouloir lui offrir la bataille, puis, dans la nuit du 22 au 23, derrière l'Aube. Il laisse à Troyes, DE WREDE. Ce dernier, menaçant de brûler la ville, NAPOLÉON n'y entre que le 24.

L'Empereur détache contre l'armée de Bohême MACDONALD avec son corps et ceux de GÉRARD et d'OUDINOT et se porte contre l'armée de Silésie qui s'était avancée jusqu'à **Méry**, où avait eu lieu, le 22 février, un combat d'avant-garde : BLÜCHER avait voulu secourir SCHWARTZENBERG et avait ensuite regagné la vallée de la Marne.

NOUVELLES OPÉRATIONS CONTRE BLÜCHER
(27 février-13 mars)

Les alliés ont concerté un nouveau plan. Tandis que SCHWARTZENBERG continuera sa retraite sur Chaumont, BLÜCHER marchera sur Paris par la vallée de la Marne et sera rejoint par l'armée du Nord.

SCHWARTZENBERG attendra une occasion favorable pour reprendre lui-même sa marche sur Paris.

Traité de Chaumont (1er mars) entre les alliés. (Bases de la Sainte-Alliance.)

MARMONT, détaché contre l'armée de Silésie après Vauchamps, et MORTIER, qui a rejoint MARMONT, le 26 février, ont interdit à BLÜCHER, du 27 février au 1er mars, le passage sur la rive gauche de la Marne entre Lagny et Meaux, puis celui sur la rive droite de l'Ourcq.

NAPOLÉON, ayant quitté Troyes et franchi la Marne à Château-Thierry, rallie MORTIER et MARMONT. BLÜCHER se retire sur Soissons.

Coupé de Reims et de Châlons, acculé à l'Aisne, BLÜCHER est sauvé par l'arrivée de l'armée du Nord.

WINTZINGERODE obtient, en effet, la capitulation de Soissons (3 mars), tandis que BULOW se présente sur la rive droite de l'Aisne.

BLÜCHER, avec les deux armées alliées, occupe la ligne de l'Aisne (4 mars), mais l'Empereur ayant pris l'offensive contre elles et passé l'Aisne à Berry-au-Bac (6 mars), ces armées vont occuper les positions de Craonne et de Laon.

Bataille de Craonne (7 mars). NAPOLÉON enlève les hauteurs de Craonne.

Bataille de Laon (9 et 10 mars). Le 9, l'Empereur et MARMONT attaquent, avec 35,000 hommes, les 105,000 alliés en position : l'Empereur par la route de Soissons, MARMONT par celle de Reims. Ils enlèvent quelques faubourgs de Laon. MARMONT, surpris, à la nuit, à Athies, rétrograde sur Berry.

Le 10, nouvelle tentative et échec de l'Empereur qui gagne Soissons.

Combat de Reims (13 mars). Attaque combinée et défaite complète du corps russe de SAINT-PRIEST qui assurait la liaison entre les armées de Silésie et de Bohême, par MARMONT, venant de Berry, et par NAPOLÉON venant de Soissons.

DERNIÈRES OPÉRATIONS CONTRE SCHWARTZENBERG
(13-21 mars)

NAPOLÉON, après Reims, marche contre l'armée de Bohême.

SCHWARTZENBERG a battu, vers Bar-sur-Aube, le 27 février, le corps d'OUDINOT, un de ceux que l'Empereur a placés sous le commandement de MACDONALD et détachés contre l'armée de Bohême ; MACDONALD abandonne alors la ligne de l'Aube pour celle de la Seine et se retire sur Troyes. Il contient SCHWARTZENBERG.

Le 13 mars, ce dernier reprend son mouvement offensif.

Arcis-sur-Aube (20-21 mars). A la nouvelle de la bataille de Reims, SCHWARTZENBERG concentre ses troupes entre Arcis et Troyes et NAPOLÉON se heurte à toute l'armée de Bohême. L'Empereur repasse l'Aube après une bataille indécise.

NAPOLÉON SUR LES DERRIÈRES DES COALISÉS
(21-31 mars)

NAPOLÉON se décide alors à manœuvrer sur les derrières des coalisés et ceux-ci chercheront à se réunir, pour marcher en masse sur Paris.

L'Empereur appelle à lui les maréchaux précédemment engagés et compte être rejoint par l'armée de Lyon et les garnisons de l'Est.

Tandis que les armées coalisées se réunissent vers Vitry, WINTZINGERODE, avec un corps composé d'artillerie et de cavalerie, suit l'Empereur vers l'Est, pour masquer la marche des alliés sur Paris.

Fère-Champenoise (25 mars). Victoire des coalisés sur MARMONT et MORTIER qui tentaient de rejoindre l'Empereur et se replient ensuite sur Paris. Héroïque défaite de la division PACTHOD, dans les marais de Saint-Gond.

Saint-Dizier (26 mars). L'Empereur, qui croyait détourner les alliés de marcher sur Paris, comprend qu'il est trompé par eux. Revenant sur ses pas, il bat WINTZINGERODE.

Dans la nuit du 30 mars, il arrive à Fontainebleau, mais en même temps a lieu la capitulation de Paris, défendu 24 heures durant, par MARMONT et MORTIER contre les coalisés.

Pendant ce temps, les Autrichiens sont entrés à Lyon, les Anglais ont envahi le sud-ouest de la France, EUGÈNE a évacué l'Italie, MURAT a abandonné la cause impériale.

La retraite de MARMONT derrière l'Essonne, puis en Normandie, l'établissement d'un gouvernement provisoire (1er avril), la déchéance de Napoléon votée par le Sénat (3 avril), obligent l'Empereur à signer son abdication (6 avril).

PREMIÈRE RESTAURATION

Louis XVIII arrive en France à la fin d'avril 1814.

Déclaration de Saint-Ouen (2 mai 1814). Elle pose les bases de la charte : deux Chambres votant la loi et l'impôt.

Premier traité de Paris (30 mai 1814). La France reprend ses limites de 1792, plus le Comtat-Venaissin, une partie de la Savoie, Montbéliard et Mulhouse. Elle recouvre ses colonies, excepté Maurice, Tabago, Sainte-Lucie, Saint-Domingue.

Congrès de Vienne (octobre 1814-juin 1815). Remaniement de l'Europe : La Russie reçoit notamment le duché de Varsovie, l'Autriche acquiert l'Italie du Nord, le Tyrol et l'Illyrie. La Prusse s'agrandit d'une partie de la Saxe, de la Westphalie, etc. La Belgique est donnée au roi des Pays-Bas.

Le 1er mars 1815, NAPOLÉON, venant de l'île d'Elbe, débarque près de Cannes, et marche par Grenoble et Lyon sur Paris, où il entre le 20 mars.

Louis XVIII s'est retiré en Belgique.

NAPOLÉON accorde un **acte additionnel** aux constitutions de l'Empire (23 avril).

PRÉLIMINAIRES DE LA CAMPAGNE DE 1815 ET OPÉRATIONS AVANT WATERLOO

La septième coalition, causée par le retour de l'Empereur, comprend presque toute l'Europe et notamment l'Autriche, l'Angleterre, les princes allemands, la Prusse et la Russie.

PLANS ET FORCES DES BELLIGÉRANTS

Un million de coalisés doivent marcher sur Paris, par la Belgique, le Rhin et les Alpes.

Vers le milieu de juin, les armées les plus menaçantes sont en Belgique, savoir : celle de BLÜCHER (135,000 Prussiens), qui appuie sa droite vers Ligny, et celle de WELLINGTON (100,000 Anglo-Bataves) qui s'étend de la mer jusque vers Quatre-Bras. NAPOLÉON, vers la même époque, met en ligne 125,000 hommes (5 corps d'infanterie, 4 de cavalerie, la garde). Il veut prendre l'offensive contre ces armées et les battre séparément avant leur concentration.

Le 15 juin au matin, passage de la Sambre par les Français à Charleroi. (Défection de BOURMONT.) Ney est détaché (corps de d'ERLON et de REILLE) sur Quatre-Bras (gauche anglaise) et GROUCHY (corps de VANDAMME et de GÉRARD) sur Ligny (droite prussienne). NAPOLÉON demeure avec sa réserve (corps de MOUTON, la garde et la cavalerie) vers Charleroi. Ce même jour, Ney parvient jusqu'à Frasnes, GROUCHY jusqu'à Fleurus.

Le 16, après des indécisions et des lenteurs, NEY et GROUCHY continuent leur mouvement. A la nouvelle de leur marche, Anglais et Prussiens cherchent à se concentrer les uns sur leur gauche, les autres sur leur droite, pour se donner la main ; c'est ce qui amène les combats de Ligny et de Quatre-Bras.

Bataille de Ligny (16 juin). L'Empereur a réuni sa réserve aux forces de GROUCHY. Il appelle à lui d'ERLON. Il trouve, en position sur les hauteurs de Ligny, tous les corps prussiens sauf celui de BÜLOW. Il veut les attaquer de front et sur leur flanc droit, tandis que d'ERLON, passant entre les armées de WELLINGTON et de BLÜCHER, prendra cette dernière à revers.

Vers 3 heures, violente canonnade. Nous enlevons et perdons, à plusieurs reprises, Saint-Amand et Ligny.

BLÜCHER, pour ne pas être coupé des Anglais, amène ses réserves sur sa droite. D'ERLON arrive en retard vers 6 heures, mais est rappelé par NEY à Quatre-Bras.

Néanmoins, le centre prussien est défait à Ligny. A 8 heures, les Prussiens, avec l'aide de BÜLOW qui arrive, se replient sur Wavres. GROUCHY les suit avec deux corps d'infanterie (VICTOR et GÉRARD) et deux de cavalerie.

Combat de Quatre-Bras (17 juin). A 2 heures, quand le corps de REILLE arrive à Quatre-Bras, il trouve cette position occupée par une seule division anglaise. Le reste de l'armée est en marche pour la soutenir.

Combat d'artillerie traînant et sans vigueur. Arrivée successive des colonnes anglaises. Les Français ne peuvent emporter la position.

D'ERLON, appelé à Ligny par l'Empereur, revient inutilement, sur l'ordre de NEY, vers Quatre-Bras.

Retraite de NEY sur Frasnes.

Le 17 juin, les Anglais apprenant la retraite de BLÜCHER sur Wavres, se portent eux-mêmes sur Mont-Saint-Jean pour se rapprocher de lui. NAPOLÉON les suit avec le reste de son armée (3 corps d'infanterie, la garde, deux corps de cavalerie).

BATAILLE DE WATERLOO (18 JUIN 1815)

Le 18 juin, les Anglais sont en position à Mont-Saint-Jean sur un plateau bordé par un profond ravin. Leur ligne mesure une lieue de long. La ferme de Mont-Saint-Jean leur sert de réduit. Leur infanterie est sur deux lignes, la deuxième dissimulée ; leur cavalerie forme une troisième ligne. En outre, ils ont une avant-ligne constituée par le château d'Hougoumont à droite, la ferme de la Haie-Sainte au centre, le hameau de Papelotte à gauche. WELLINGTON veut attendre, coûte que coûte, sur sa position, l'arrivée de BLÜCHER, avec lequel il s'est concerté.

Le projet de NAPOLÉON est de livrer, vers Hougoumont, un combat démonstratif et de porter son effort principal contre le centre des Anglais, pour les isoler des Prussiens que GROUCHY doit contenir, tout en rejoignant NAPOLÉON. Les troupes françaises sont disposées face à la position ennemie, sur le bord opposé du ravin, le corps de MOUTON, au centre, encadré à droite par d'ERLON, à gauche par REILLE, tous deux sur deux lignes. La cavalerie est aux ailes, la garde en réserve.

1° De 11 heures et demie à 3 heures. — Le corps de d'ERLON s'engage trop à fond, et en vain contre Hougoumont. Puis, NEY, à la tête des 4 divisions de ce corps, formées en 4 colonnes compactes et trop vulnérables, vient échouer contre Mont-Saint-Jean. Pour le soutenir, l'artillerie se porte en avant, par des chemins défoncés. Nos colonnes sont repoussées dans le ravin par la deuxième ligne anglaise qui surgit tout à coup.

A midi, était apparu, sur la gauche des Anglais, le corps prussien de BÜLOW : deux autres le suivaient. Tous trois s'étaient dérobés à la poursuite de GROUCHY qui avait bousculé ce corps vers Wavres et qui, par suite d'ordres mal donnés ou tardifs, n'arrivera pas à Waterloo.

2° De 3 heures à 8 heures. — Nouveaux efforts des colonnes d'infanterie de NEY et de la cavalerie. Ils ont pour résultat l'occupation de la Haie-Sainte et de Papelotte, tandis que REILLE échoue contre Hougoumont. La cavalerie de KELLERMANN et de MILHAUD vient en vain sabrer sur le plateau l'infanterie des Anglais formée en carrés et leur artillerie. NAPOLÉON, partant de la Haie-Sainte, tente aussi, sans succès, à la tête de la garde, une dernière attaque contre le centre ennemi.

L'armée prussienne arrivant sur le champ de bataille, les Anglais prennent l'offensive et nous chassent des points d'appui péniblement conquis. Nous nous replions en désordre, poursuivis par la cavalerie prussienne.

APRÈS WATERLOO

Les débris des corps qui ont combattu à Waterloo et les corps de GROUCHY évacuent la Belgique et se retirent sur Laon, par Charleroi et Avesnes.

Abdication de Napoléon à Paris (22 juin) déterminée par la pression des Chambres. Un gouvernement provisoire, dont FOUCHÉ est l'âme, est établi.

Après quelques engagements avec nos troupes (EXELMANS détruit, à Rocquencourt, une brigade de cavalerie prussienne), les alliés obtiennent la capitulation de Paris (3 juillet). Les corps français se retirent derrière la Loire, où ils sont licenciés.

Louis XVIII entre à Paris le 8 juillet.

Traité de Paris (30 novembre). La France y perd Philippeville, Landau, Sarrelouis et diverses indemnités dont le total monte à environ 1,500 millions. Son territoire sera occupé par l'étranger jusqu'au paiement.

LOUIS XVIII (1815-1824) ET CHARLES X (1824-1830)

Les débuts de la seconde Restauration se signalent par les excès de la réaction royaliste : Cours prévôtales, bannissements, exécution de Ney, assassinats de Brune et des généraux Ramel et Lagarde.

1er Ministère Richelieu (1815-1818).
La Chambre introuvable (dissoute en septembre 1816). Loi électorale de 1817 (30 ans d'âge et cens de 300 fr. pour être électeur ; 40 ans d'âge et cens de 1,000 fr. pour être éligible). La Conscription (Gouvion-Saint-Cyr, 1818). Congrès d'Aix-la-Chapelle (1818), auquel la France prend part. Avec l'Autriche, l'Angleterre, la Russie, la Prusse, elle formera la Quintuple-Alliance. Libération du territoire, œuvre de Richelieu (1818).

Ministère Decazes (1818-1820).
Plus libéral que le précédent, il pratique la politique de bascule. C'est sous ce ministère qu'a lieu l'assassinat du duc de Berry (1820).

2e Ministère Richelieu (1820-Déc. 1821).
Loi du double vote (1820). Les censitaires de 1,000 fr. voteront à la fois dans les collèges d'arrondissement et dans ceux de département. Progrès des sociétés secrètes et du carbonarisme. Complots de Belfort et de la Rochelle (1822).

Ministère Villèle (Décembre 1821-1828).
La Chambre retrouvée (1824). Sous Charles X, l'influence de la Congrégation (jésuites et ultra-royalistes) se fait sentir, mais les jésuites sont l'objet de vives attaques. En 1823, Manuel est expulsé de la Chambre pour avoir comparé les Bourbons aux Stuarts. Des manifestations populaires et libérales ont lieu aux funérailles du général Foy (1825). En 1824, la Censure est supprimée ; les pairs, en 1825, amendent la loi du sacrilège, et, en 1826, repoussent celle sur le droit d'aînesse. En 1827, le ministère ne peut faire voter une loi contre la liberté de la presse. Il tombe devant la Chambre libérale de 1828.

Ministère Martignac (1828-1829). Retour à la politique de Decazes.

Ministère Polignac (1829-1830).
L'adresse au roi par laquelle 221 députés refusent leur confiance à ce ministère ultra-royaliste amène la dissolution de la Chambre (1830). Par les ordonnances de juillet, Charles X dissout une nouvelle Chambre et suspend la liberté de la presse. La Révolution éclate alors à Paris (journées des 27, 28, 29 juillet).

Politique extérieure sous la 2e Restauration.
Expédition d'Espagne (1823). Au Congrès de Vérone (1822), les souverains de la Sainte-Alliance chargent la France de secourir Ferdinand VII contre les révolutionnaires. Les marchés Ouvrard. Le duc d'Angoulême entre à Madrid (mai 1823), puis assiège Cadix (août-octobre 1823) où se sont réfugiés les Cortès. Il entre dans la ville, après s'être, au préalable, emparé du Trocadéro. Intervention en Grèce (1827-1828). Dès 1821, la Grèce s'était soulevée contre les Turcs. En 1827, les Français, unis aux Anglais et aux Russes, infligent à Navarin une sanglante défaite à la flotte turco-égyptienne. En 1828, a lieu l'expédition de Morée (Maison). En 1830, les Français s'emparent d'Alger.

LOUIS-PHILIPPE Ier (1830-1848)

POLITIQUE INTÉRIEURE

Louis-Philippe, lieutenant-général du royaume le 31 juillet 1830, roi le 9 août, prête serment à la Charte revisée (abolition de la censure, abaissement à 500 francs du cens d'éligibilité et à 200 francs du cens électoral).

Durant tout le règne, ont lieu des agitations et des tentatives républicaines ou bonapartistes. A signaler :

La tentative de la duchesse de Berry en Vendée (1832), l'émeute républicaine (barricades de Saint-Merry) qui suit les funérailles du général Lamarque (5 et 6 juin 1832), l'émeute républicaine de 1834 (affaire de la rue Transnonain), les troubles de Lyon (1831 et 1834), l'attentat de Fieschi (1835).

Les principaux ministères de ce règne sont :

I. Le ministère Laffitte (1830-1831). Il ménage le parti républicain et s'abstient dans les questions extérieures.

II. Le ministère Casimir-Périer (1831-11 octobre 1832). Il *réprime* sévèrement les agitations intérieures. Il pose le principe de la non-intervention dans les questions extérieures et le fait respecter par l'Europe.

III. Le ministère du 11 octobre 1832, composé de conservateurs de diverses nuances : Broglie, Thiers, Guizot (loi sur l'instruction primaire 1833), etc... Avec quelques modifications, il dure jusqu'en 1835.

IV. Le ministère Molé (1836-1839). Il tombe devant la coalition (union de la gauche et des monarchistes anticonstitutionnels).

V. Le ministère Soult (1839-1840). Sa chute est due à une demande de dotation pour le duc de Nemours.

VI. Le ministère Thiers (mars-octobre 1840). Il intervient dans la question d'Orient.

VII. Le ministère Guizot (1840-1848). Refusant de tenir compte des vœux du pays en désaccord avec le Parlement, il s'oppose aux réformes parlementaires et électorales.

Il provoque ainsi la campagne des Banquets (1847-1848) organisée par la gauche. Le banquet du XIIe arrondissement ayant été interdit, la Révolution éclate le 23 février.

Le 24, la République est proclamée. Un gouvernement provisoire est constitué (Arago, Lamartine, Crémieux, Dupont, Ledru-Rollin, Garnier-Pagès).

POLITIQUE EXTÉRIEURE

La conquête de l'Algérie est continuée durant tout le règne (voir le tableau spécial).

Lors du soulèvement de la Pologne (1830), la France n'intervient pas.

Le Gouvernement suit vis-à-vis de l'Angleterre une politique toute de complaisance. En 1841, il lui reconnaît, en vue de la répression de la traite, le droit de visite des navires français. En 1844, affaire Pritchard. Une indemnité est accordée à l'Anglais Pritchard, expulsé de Taïti, où il avait excité les indigènes contre les français.

Expédition d'Anvers (1831). En 1830, les Belges s'étaient séparés de la Hollande. Ils offrent vainement la couronne au duc de Nemours. Mais, en 1831, sous le ministère Casimir-Périer, nos troupes entrent en Belgique et, unies aux Belges, s'emparent d'Anvers (maréchal Gérard).

Les Autrichiens ayant envahi les États pontificaux, Casimir-Périer fait occuper Ancône (1832). Les Autrichiens retirent alors leurs troupes.

Question d'Orient. Intervention franco-anglaise (1833) entre les Turcs et Méhémet-Ali, vice-roi d'Égypte, leur vassal, qui a conquis la Syrie. En 1839, la France veut garantir au vice-roi la Syrie, à titre héréditaire, mais au traité de Londres (1840) cette province est enlevée à Méhémet par l'Angleterre, la Russie, l'Autriche et la Prusse. Traité des détroits (1841). La France, sous le ministère Guizot, fait cause commune avec les puissances signataires du Traité de Londres.

LA DEUXIÈME RÉPUBLIQUE (1848-1852) — LE SECOND EMPIRE (1852-1870)

L'Assemblée constituante, élue par le suffrage universel et réunie le 4 mai 1848, confie le pouvoir exécutif à une commission de 5 membres (Arago, Lamartine, Ledru-Rollin, Garnier-Pagès, Marie).

Émeute du 15 mai (prétexte : les affaires de Pologne) et journées de juin (22-23), mort des généraux Bréa et de Négrier et de Mgr Affre), mouvements révolutionnaires, à la suite desquels le pouvoir exécutif est, le 24 juin, confié au général Cavaignac.

Constitution de 1848 (une seule Assemblée).

Louis-Napoléon est élu président de la République pour trois ans le 10 décembre 1849.

En France, il a raison des émeutes du 19 janvier et du 13 juin 1849.

Au dehors, il secourt le pape contre la Révolution. Oudinot prend Rome (1849), défendue par Mazzini et Garibaldi. Pie IX rentre en 1850 dans sa capitale que les Français occupent jusqu'en 1870.

L'Assemblée législative (1849-1851) est dissoute par le coup d'État du 2 Décembre 1851, dont la suite est le plébiscite du 20 décembre 1851 : Le pouvoir est confié pour 10 ans à Louis Bonaparte.

Constitution de 1852 (un conseil d'État et deux Chambres) et nouveau plébiscite, le 20 novembre 1852, qui aboutit à la proclamation de l'Empire (le 2 décembre 1852).

L'Empire donne une vive impulsion au commerce, à l'industrie, à l'agriculture. Il favorise le percement de l'isthme de Suez (1854-1869) et l'exposition de 1867 atteste la prospérité de la France.

Les codes sont adoucis.

En 1870, l'Empire autoritaire est transformé en Empire libéral.

Campagnes de l'Empire (voir les tableaux spéciaux).

DEPUIS L'ORIGINE JUSQU'AUX GOUVERNEURS GÉNÉRAUX
(1830-1834)

Notre intervention à Alger est motivée par les insultes du Dey envers nos nationaux et envers le ministre de France.

Expédition de 1830 (BOURMONT, général en chef ; amiral DUPERRÉ, commandant l'escadre). Alger était bien fortifiée. Débarquement dans la presqu'île de Sidi-Ferruch, suivi de la prise du fort du Maribout et de notre établissement sur le plateau de Staouëli. La prise du fort l'Empereur détermine la **reddition d'Alger**.

De 1830 à 1834, les efforts des généraux qui se succèdent en Algérie tendent à l'occupation des villes du littoral.

Occupation d'Oran et de Bône.

Création des bureaux arabes et des corps spéciaux.

De cette époque, date l'influence d'ABD-EL-KADER, émir de Mascara, qui devient prépondérant dans l'Ouest algérien. Elle se trouve accrue par le **traité d'Oran**, que signe avec l'émir le général DESMICHELS, gouverneur d'Oran, qui s'était emparé d'Arzeu et avait ensuite subi quelques insuccès.

DESMICHELS lui abandonnait Oran.

LES GOUVERNEURS GÉNÉRAUX JUSQU'A BUGEAUD
(1834-1840)

D'Erlon, premier gouverneur général (1834-1835), fait destituer DESMICHELS, mais, abusé lui-même par ABD-EL-KADER, il est rappelé.

Clauzel (1835-1837).

   I. Contre ABD-EL-KADER. — TRÉZEL, qui commande à Oran, s'est emparé d'Arzeu. Mais, en 1835, il est battu à **La Macta** et rappelé.

   Prise de Mascara par CLAUZEL. (1836) Il n'occupe pas cette place.

   Échec de l'émir contre **Tlemcen** (1836).

   BUGEAUD, vainqueur d'Abd-el-Kader à **La Sikah** (1837), signe avec lui le traité de **La Tafna** (1837). Nous gardons Oran, Mostaganem, Arzeu, Alger.

   II. Contre AHMED, bey de Constantine. — En 1836, CLAUZEL avec des forces insuffisantes échoue contre Constantine. Retraite (bataillon carré de CHANGARNIER).

Damrémont (1837) est tué devant Constantine qu'emporte VALÉE (3 colonnes d'assaut).

Valée (1837-1840).

   I. Achèvement de la conquête de la province de Constantine. Combat des **Portes-de-Fer** (1839).

   II. ABD-EL-KADER, violant les clauses du traité de La Tafna, reprend les hostilités à la fin de 1839.

   Défense de **Mazagran** (1840). Le capitaine LELIÈVRE, avec 123 hommes, lutte pendant quatre jours contre 1,500 Arabes.

   Victoire de **Boufarik** (1840), remportée par ABD-EL-KADER.

   VALÉE fait occuper Sétif, Cherchell, Miliana, Koléa, Blidah.

GOUVERNEMENT DE BUGEAUD
(1840-1847)

I. — Jusqu'en 1843.

Cette période est marquée par nos progrès dans les trois provinces, et en particulier par les occupations suivantes :

Province d'Oran : Mascara, Tlemcen.

Province d'Alger : Boghar, et en outre fondation d'Orléansville.

Province de Constantine : Tébessa.

BUGEAUD inaugure une guerre en rapport avec les habitudes et les mœurs de ses adversaires. Leurs incursions soudaines sont châtiées par des razzias ; des colonnes mobiles, dont l'équipement allégé assure la rapidité de mouvements, parcourent les contrées traversées par ABD-EL-KADER.

Partant d'Alger et d'Oran, elles se rejoignent dans la vallée du Chélif. ABD-EL-KADER est obligé de fuir jusque dans l'Ouarensenis, où il est poursuivi.

Prise de la smala d'ABD-EL-KADER, à Taguine (duc D'AUMALE, 1844).

II. — Guerre avec le Maroc (1844).

ABD-EL-KADER se réfugie au Maroc, où il s'allie avec le sultan de ce pays.

L'Isly. Victoire de BUGEAUD sur les Marocains (1844).

Tanger et Mogador bombardés par le prince DE JOINVILLE (1844).

Traité de Tanger (1844). Les Marocains abandonnent ABD-EL-KADER. Lors de la délimitation franco-marocaine, nous laissons échapper des oasis importantes comme Figuig.

III. — Opérations contre Bou-Maza et Abd-el-Kader (1845-1846).

L'agitateur BOU-MAZA soulève le Dahra et toute la vallée du Chélif. Escarmouches réitérées. BOU-MAZA se rend en 1846.

ABD-EL-KADER, craignant de se voir supplanté par BOU-MAZA, rentre en scène, en septembre 1845, massacre, à la tête de 3,000 Arabes, 450 Français, à **Sidi-Brahim** et remporte un succès à **Aïn-Témouchent**.

FIN DE LA CONQUÊTE
(1847-1857)

Pendant le gouvernement du duc D'AUMALE (1847-1848), ABD-EL-KADER rentre au Maroc où ses intrigues portent ombrage au sultan. Forcé de revenir en Algérie, il se rend, à **Sidi-Brahim** (1847), à LAMORICIÈRE.

Après le duc D'AUMALE, les gouverneurs se succèdent rapidement en Algérie.

En 1849, insurrection en Algérie, signalée dans la province de Constantine par la résistance et le siège de **Zaatcha** (juillet-novembre, général HERBILLON).

Expédition de SAINT-ARNAUD dans la **Petite-Kabylie** (1851).

RANDON, gouverneur de 1852 à 1857, fait plusieurs expéditions en Kabylie. Campagne décisive de 1857 dans la **Grande-Kabylie**, qui en amène la soumission définitive après le combat d'Ichériden.

Insurrection algérienne de 1871. Causée par le décret CRÉMIEUX qui accorde la qualité de Français aux juifs algériens, elle est proclamée dans la Medjana par l'agha MOKRANI, gagne la Kabylie, devient à peu près générale dans les provinces de Constantine et d'Alger et est sévèrement réprimée (amiral DE GUEYDON, gouverneur général).

PRÉLIMINAIRES ET OPÉRATIONS JUSQU'AU DÉBARQUEMENT EN CRIMÉE

Le czar, profitant des rivalités des Églises grecque et latine en Orient, prétend au protectorat des chrétiens grecs, sujets ottomans. Appuyée par la France et l'Angleterre, la Porte, malgré l'ambassade du MENSCHIKOFF à Constantinople (1853) et l'envahissement par les Russes des Principautés danubiennes, repousse ces prétentions.

En réponse à l'ultimatum adressé par la Russie à la Turquie, les flottes anglaise et française s'avancent dans le Bosphore (1853). Une armée russe passe à Giurgewo, dans l'expectative, l'automne de 1853, tandis que les Turcs restent en observation de l'autre côté du Danube.

Sinope (30 novembre 1853). Destruction d'une escadre turque par les Russes, événement qui indispose contre eux l'Europe qui négociait toujours. Alliance de la France et de l'Angleterre avec la Turquie; neutralité de la Prusse et de l'Autriche.

Au milieu de mars, les Russes avaient pénétré dans la Dobroudscha.

Le 31 mars, débarquement des Français à Gallipoli, où les joindront les Anglais.

CORPS EXPÉDITIONNAIRE SOUS SAINT-ARNAUD.

Français. — 30,000 hommes en quatre divisions: FOREY, CANROBERT, BOSQUET, prince NAPOLÉON.

Anglais. — 26,000 hommes en cinq divisions sous lord RAGLAN.

Bombardement d'Odessa par les flottes alliées (avril 1854).

Au début de mai, les Russes bloquent Silistrie, tandis qu'OMER PACHA et 45,000 Turcs sont à Schumla. Les alliés gagnent Varna pour se rapprocher d'OMER et menacer le flanc gauche des Russes.

Le 23 juin, les Russes lèvent le siège de Silistrie. Ils repassent le Danube, abandonnant par crainte de l'Autriche les Principautés qu'ils confient à cette puissance.

Expédition de la Dobroudscha (21 juillet-6 août 1854).

Les alliés veulent porter la guerre en Crimée. Auparavant, une diversion française a lieu contre de faibles corps russes signalés sur la rive droite du Danube. — La division CANROBERT surtout est éprouvée par le choléra (2,000 victimes).

Incendie de Varna (10 août).

Capitulation de Bomarsund dans la Baltique devant le corps de débarquement franco-anglais (16 août 1854).

LE DÉBARQUEMENT ET L'ALMA
(20 septembre 1854).

Débarquement en Crimée, à Old-Fort, des alliés dont l'objectif est Sébastopol.

MENSCHIKOFF a, en Crimée, 50,000 soldats et 20,000 marins. Il veut barrer aux alliés la route de Sébastopol.

L'Alma (20 septembre 1854). Il a réussi à rassembler 40,000 hommes sur les hauteurs qui dominent l'Alma. Sa gauche, très peu garnie, s'appuie aux escarpements qui longent la mer.

Le plan de SAINT-ARNAUD est de déborder les deux ailes de l'ennemi et de le culbuter en l'attaquant de front.

À notre droite, la division BOSQUET, soutenue par l'artillerie, escalade les escarpements et fond sur la gauche russe. Les réserves ennemies se portent contre cette division, mais, passant l'Alma, la division CANROBERT, puis celle du prince NAPOLÉON, menant l'attaque de front, viennent la prolonger à gauche. Les deux brigades de réserve de FOREY secourent Bosquet et Canrobert. À notre gauche, les Anglais, lents et méthodiques, ont, non sans peine, raison de la droite russe, très forte.

Vers le soir, les Russes rétrogradent.

Grâce à notre manque de cavalerie à cette époque de la campagne, ils regagnent Sébastopol, le 21 septembre, sans être inquiétés.

MENSCHIKOFF, laissant 17,000 hommes à Sébastopol, se retire avec le reste de son armée à Batchi-Seraï.

Mort de SAINT-ARNAUD (29 septembre), CANROBERT général en chef.

OPÉRATIONS SOUS SÉBASTOPOL JUSQU'A LA PÉRIODE DES GRANDS ASSAUTS

Tandis que les Russes rendent, en l'obstruant, l'entrée du port de Sébastopol inaccessible aux flottes des alliés, ceux-ci s'établissent sur le plateau de la Chersonèse.

1° Français. — Les troupes feront, au sud, le siège de Sébastopol, tandis que la flotte demeurera dans la baie de Kamiesch.

2° Anglais. — Les troupes feront, à l'est de la ville, le siège du faubourg de Karabelnaïa, tandis que la flotte demeurera dans la baie de Balaklava.

3° Corps mixte d'observation. — Deux divisions françaises (BOSQUET) et deux divisions anglaises placées sur les monts Sapoun observeront MENSCHIKOFF.

Les Turcs ne seront guère employés qu'aux corvées. Leur rôle militaire sera nul pendant la campagne.

Travaux d'approche du corps de siège.

Balaklava (25 octobre 1854). — Coup de main des Russes contre Balaklava, base d'opérations des Anglais. LIPRANDI, avec 18,000 hommes détachés par MENSCHIKOFF, culbute quelques troupes turques, puis échoue contre les highlanders, secourus par nos chasseurs d'Afrique. Charge de la cavalerie légère de CARDIGAN (Anglais).

Inkermann (5 novembre 1854). — Offensive de l'armée de MENSCHIKOFF: une attaque principale, deux diversions. L'attaque principale a lieu contre le plateau d'Inkermann, où sont retranchés les Anglais. Contre eux échouent les efforts désunis de deux colonnes de 15,000 et de 10,000 hommes.

Une troisième colonne de 12,000 hommes refoulait les Anglais, quand ils sont secourus, à Inkermann, par le corps d'observation de Bosquet qui néglige la première des deux diversions russes (GORTCHAKOFF, 22,000 hommes). La seconde diversion, faite par 3,000 assiégés contre les Français du corps de siège, ne peut amener de résultat décisif. Retraite des Russes.

Hiver du 1854-55. — Les Français, renforcés, comptent 80,000 hommes en deux corps: 1° PÉLISSIER est chargé du siège de la ville; 2° BOSQUET remplace les Anglais devant Karabelnaïa et continue d'observer l'armée de secours.

Réduits à 10,000 hommes, les Anglais ne gardent que les attaques contre le grand Redan, entre les deux corps français.

Efforts des Russes qui construisent, hors de l'enceinte, les ouvrages blancs sur le Sapoun et une redoute couvrant Malakof, sur le Mamelon-Vert (sud-est de Karabelnaïa).

Eupatoria (17 février 1855). Débarquement des Russes repoussés par les Turcs.

PÉRIODE DES GRANDS ASSAUTS

Les alliés sont renforcés par un contingent de 18,000 Sardes.

PÉLISSIER, qui a remplacé CANROBERT (19 mai 1855), partage l'armée française en trois corps: le 1er (DE SALLES) sera chargé des attaques contre la ville; le 2e (BOSQUET), de concert avec les Anglais, de celles contre Karabelnaïa et le grand Redan; le 3e (REGNAUD DE SAINT-JEAN-D'ANGÉLY) restera en observation avec les Sardes, sur la rive gauche de la Tchernaïa.

Le corps de BOSQUET emporte, le 7 juin, les ouvrages blancs (division MAYRAN) et le Mamelon-Vert, bombardés dès le 5.

Premier assaut de Malakof, clef du faubourg de Karabelnaïa et, par suite, de toute la ville. Il est tenté, le 18 juin, par trois divisions en trois colonnes. Succès de la division D'AUTEMARRE, rendu inutile par le retard de la division MAYRAN. Échec des Anglais devant le grand Redan.

Mort de lord RAGLAN (28 juin 1855).

Traktir (16 août 1855). — 60,000 Russes de l'armée de GORTCHAKOFF, successeur de MENSCHIKOFF, se portent en deux corps contre le corps d'observation. Piémontais et Français soutiennent le choc sur la rive gauche de la Tchernaïa. Les efforts des assaillants se concentrent en vain autour du pont de Traktir. Cette journée leur coûte 8,000 hommes prisonniers ou hors de combat.

Le deuxième assaut de Malakof (8 septembre 1855) est préparé par un bombardement de trois jours qui coûte aux Russes 7,500 hommes. Les divisions MAC-MAHON, DULAC, LA MOTTE-ROUGE s'élancent, à midi, contre les ouvrages défendant Karabelnaïa. Seul, Mac-Mahon réussit contre Malakof: succès décisif. Contre la ville même, nos attaques, et contre le grand Redan, celles des Anglais, échouent.

Pendant la nuit, les Russes évacuent la ville et passent sur les hauteurs qui dominent la rive nord de la rade de Sébastopol.

Expédition de Kinburn. — Un corps de débarquement franco-anglais s'empare de cette ville, aux bouches du Dniéper, le 17 octobre 1855.

Les alliés passent en Crimée l'hiver de 1855-1856.

Le traité de Paris (30 mars 1856) met fin à la guerre. La Russie renonce au protectorat des provinces danubiennes et reconnaît la liberté du transit sur le Danube et la neutralité de la mer Noire.

GUERRE DE CHINE (1857-1860)

JUSQU'A LA CAMPAGNE DE 1860

Après une courte guerre entreprise par les Anglais dans l'intérêt de leur commerce (**guerre de l'Opium** [1839-1840]), la Chine, au **traité de Nankin** (1842), avait cédé à ces derniers Hong-Kong et leur avait ouvert les ports d'Amoy, de Fou-Tchéou, de Ning-Po et de Shanghaï.

Au **traité de Wampoa** (1844), la France et les États-Unis reçoivent accès dans ces mêmes ports ; le libre exercice du christianisme en Chine est en outre accordé.

Expédition française de 1857. Elle est motivée par les persécutions que les Chinois font subir aux missionnaires. Prise de **Canton**, des forts de l'entrée du **Peï-Ho** et de **Tien-Tsin**.

Traités de Tien-Tsin (1858). Ils confirment et étendent celui de Nankin.

CAMPAGNE DE 1860

Les plénipotentiaires anglais et français chargés de régler l'exécution des traités de Tien-Tsin, sont arrêtés par les Chinois, en juin 1859, à l'entrée du Peï-Ho.

Une armée composée de 12,000 Anglais (**Grant**) et de 8,000 Français (général **Montauban** et amiral **Charner**) doit remonter la vallée du Peï-Ho jusqu'à Tien-Tsin. On avisera ensuite.

Avant l'arrivée des Français, les Anglais occupent les îles **Chusan**.

Au début d'août 1860, les alliés débarquent sur les deux rives de l'embouchure du Peï-Ho, défendues par des redoutes (**Sin-Ko**, **Tang-Ho** et forts de **Takou**). Ils tournent ces défenses et s'en emparent successivement.

A la fin d'août, arrivée à **Tien-Tsin** du corps expéditionnaire et négociations infructueuses.

En septembre, nouvelles négociations et guet-apens de **Tong-Tchéou**, où tombent plusieurs officiers ou délégués des ambassadeurs, vengé par la défaite des Chinois à **Tchang-kia-ouang** et à **Palikao**.

Fin octobre, sac du **Palais d'Été**, **capitulation** et **traité de Pékin**.

Le baron Gros et lord Elgin font ratifier les traités de Tien-Tsin : les ambassadeurs anglais et français seront admis en Chine ; 6 nouveaux ports seront ouverts aux étrangers, 120 millions d'indemnité accordés, la religion chrétienne autorisée.

COCHINCHINE (1858-1862)

Les persécutions subies en Annam par les missionnaires et notamment les hostilités de l'empereur Tu-Duc avaient nécessité plusieurs fois l'intervention française : ainsi, en 1847, Tourane avait été bombardée.

En 1857, Rigault de Genouilly, après une ambassade infructueuse, s'empare encore de cette ville. Puis la guerre a pour théâtre la Cochinchine, dépendance de l'empire d'Annam.

Prise de Saïgon par Rigault de Genouilly (1859).
Prise de Mytho par l'amiral Charner, commandant en chef (1861). Ce dernier contribua puissamment à assurer notre domination.
Bavia. Victoire de Bonard, son successeur (1861).
Prise de Bien-Hoa par Bonard (1862).
Au **traité de Saïgon** (1862), Tu-Duc nous paie 20 millions et nous cède les provinces de Saïgon, Mytho, Bien-Hoa et Poulo-Condor.
Annexion, en 1867, de celles de Vinh-Long, Chaudoc et Hatien.

En 1863, Norodom, roi du Cambodge, signe un traité plaçant ses États sous le protectorat français.

EXPÉDITION DE SYRIE

La Syrie, et en particulier la région du Liban, était depuis longtemps troublée par les dissensions qui régnaient entre les chrétiens maronites et les Druses, favorisés en sous-main par la Porte.

En 1860, les Druses attaquent ouvertement les Maronites, brûlent ou pillent les villages du Liban, et, à Damas, aidés par des Turcs fanatiques, massacrent les chrétiens (juillet).

L'Europe s'émeut et charge la France (août 1860) de rétablir l'ordre.

A la fin d'août 1860, quand une brigade française (général de Beaufort) arrive en Syrie, le sultan s'est décidé à sévir contre les fauteurs des troubles. Mais la répression est insuffisante, et le rôle des Français, dont le séjour en Syrie est limité par les puissances, se borne à parcourir le Liban en y relevant les ruines. En juin 1861, ils quittent la Syrie.

I. — JUSQU'APRÈS LA BATAILLE DE MAGENTA

CAUSES DE LA GUERRE ET PRÉLIMINAIRES

En 1848 et 1849, tentatives et défaite à **Novare** (1849) de Charles-Albert, roi de Piémont, qui veut chasser d'Italie les Autrichiens. Ceux-ci y possèdent, depuis 1815, le royaume Lombardo-Vénitien et ont mis la main sur les petits États.

A **Rome**, le pape Pie IX est débordé par la révolution, d'où l'**intervention française de 1849**.

Les Piémontais en Crimée (1855).

La question italienne au **congrès de Paris** (1856).

La princesse Clotilde épouse le prince Napoléon (1859).

Cavour, ministre de Piémont, conspirait depuis 1852, avec les révolutionnaires italiens, pour faire, au profit de son pays, l'unité italienne.

En 1859, encouragé par les sympathies de Napoléon III pour l'Italie, il arme d'une façon exagérée et malgré les sommations de l'Autriche.

L'état de guerre existe, dès le 26 avril 1859, entre l'Autriche et le Piémont. La France s'allie alors officiellement au Piémont.

PREMIÈRES OPÉRATIONS ET PLANS DES BELLIGÉRANTS

I. Alliés.
1° 50,000 Piémontais ;
2° 140,000 Français sous l'Empereur (Randon, major général), ainsi répartis :
Garde (Regnaud de Saint-Jean-d'Angély, 2 divisions).
1er corps (Baraguey-d'Hilliers, 3 divisions).
2e corps (Mac-Mahon, 2 divisions).
3e corps (Canrobert, 3 divisions).
4e corps (Niel, 3 divisions).
Ces 2 derniers corps doivent se diriger sur Turin par le Mont-Cenis et le Mont-Genèvre. Le reste de l'armée française, embarqué à Marseille et Toulon, débarquera à Gênes et marchera sur Alexandrie.
Un 5e corps de réserve (prince Napoléon) est en formation.

II. Autrichiens.
Ils disposent, dans l'Italie du Nord, d'une armée de 145,000 hommes (Giulay).
En outre, 60,000 hommes sont dans les garnisons italiennes.

En attendant les Français, et sur l'avis de Canrobert, les Piémontais se portent vers Alexandrie et Casal, pour détourner l'ennemi de Turin.

Les Autrichiens temporisent, passent le Tessin le 29 avril, marchent sur Turin, puis, supposant les alliés déjà concentrés à Alexandrie, avec l'intention de franchir le Pô à Plaisance, ils craignent d'être coupés de leurs communications et rétrogradent. Ils s'établissent entre le Tessin, le Pô, la Sesia, la route de Verceil à Novare, et, face à l'ouest, portent toute leur attention sur leur gauche et restent inactifs.

OPÉRATIONS DEPUIS L'ARRIVÉE DES FRANÇAIS JUSQU'A MAGENTA

Le 18 mai, toutes les forces françaises sont concentrées au sud du Pô, à Valenza et à l'est d'Alexandrie.

Montebello (20 mai). Reconnaissance de Stadion, détaché par Giulay, avec 22,000 hommes, sur la rive droite du Pô. Attaqué par la seule division Forey, vers la Stradella, Stadion repasse le fleuve. Giulay croit toujours le danger sur sa gauche.

L'Empereur veut exécuter une marche de flanc vers le nord par Valenza, Casal, Verceil et Novare. Son but est de déborder la droite des Autrichiens et de devancer ceux-ci au passage du Tessin et à Milan. Pendant ce mouvement, les Piémontais éloigneront l'ennemi de la rive gauche de la Sesia, d'où il pourrait découvrir notre marche ; ils rejoindront ensuite le gros de l'armée.

Palestro. — Le 30 mai, les Piémontais, exécutant leur mission, emportent cette localité. Le 31, retour offensif des Autrichiens, repoussé grâce à l'élan du 3e zouaves (épisode du canal franchi) adjoint aux Piémontais.

Les Français, de leur côté, exécutent rapidement leur marche de flanc, mais, quand ils abordent le Tessin, Giulay a deviné leur plan et repassé cette rivière, le 3 juin, avec le projet de la remonter au nord, pour s'opposer à leur marche sur Milan.

MAGENTA (4 juin)

Le 4 juin, Giulay dispose, à Magenta ou aux environs, de deux corps d'armée. Le reste de ses forces est disséminé.

A cette date, le corps de Mac-Mahon a franchi le Tessin et se trouve vers Turbigo, au delà du Naviglio-Grande, canal parallèle, à cet endroit, au Tessin et qui l'isole du reste de l'armée.

La garde est sur la rive droite et à proximité de la rivière, vers San-Martino. Le reste de l'armée, encore éloigné, est surtout vers Novare et Mortara.

L'Empereur indique en même temps à Mac-Mahon et à une division de la garde (6,000 hommes), Magenta comme objectif.

Vers midi, la garde se heurte, en avant de Magenta, à 36,000 ennemis retranchés derrière le Naviglio. Elle allait être écrasée, quand, à 3 heures et demie, arrive, ayant franchi le Tessin, une brigade du 3e corps, puis, vers 6 heures, Mac-Mahon, longtemps arrêté vers Casate, par Clam-Gallas (chef d'un des deux corps dont disposait Giulay). Magenta est emporté.

La bataille finie, les corps français et autrichiens affluent, mais les Autrichiens battent en retraite vers l'est.

Entrée des Français à **Milan** (8 juin).
Melegnano (8 juin). Victoire de Baraguey-d'Hilliers sur l'arrière-garde ennemie.

CAMPAGNE DE 1859 EN ITALIE (*Suite.*)

II. — OPÉRATIONS APRÈS MAGENTA JUSQU'A LA FIN DE LA GUERRE

DE MAGENTA A SOLFÉRINO

Après Magenta, les Autrichiens rappellent leurs forces restées sur la rive droite du Pô et franchissent successivement l'Adda, l'Oglio, la Chiése et le Mincio.

Le 11 juin, reprise de notre marche vers l'est par la route de Brescia, les Piémontais, éclairés par GARIBALDI, appuyant notre gauche.

Les Autrichiens se reconstituent sour FRANÇOIS-JOSEPH et se groupent en deux armées (environ 160,000 hommes réellement combattants).

Le 23 juin, ils repassent sur la rive droite du Mincio et, le soir, ils appuient leur droite aux coteaux qui bordent le lac de Garde et leur gauche à Médole, la 2ᵉ armée occupant les hauteurs de Solférino, a 1ʳᵉ vers Guidizzolo, la cavalerie les reliant l'une à l'autre.

BATAILLE DE SOLFÉRINO (24 juin)

C'est une bataille de rencontre, résultat de la continuation de notre mouvement en avant.

Le 24 juin, les Piémontais, à gauche, avaient pour objectif de marche Pozzolengo ; au centre, BARAGUEY-D'HILLIERS se dirigeait vers Solférino, centre et clef des positions autrichiennes ; à droite, NIEL marchait sur Guidizzolo, par Medole ; MAC-MAHON, entre NIEL et BARAGUEY-D'HILLIERS, s'avançait sur Cavriana ; CANROBERT, couvrant l'extrémité droite de l'armée, se portait sur Médole.

Engagement : A gauche, échec constant des Piémontais contre SAN-MARTINO. A droite, NIEL lutte contre les 3 corps de la 1ʳᵉ armée. Secouru par CANROBERT qui surveille en même temps la direction de Mantoue, il s'empare de Médole, puis se tient sur la défensive.

Au centre, BARAGUEY-D'HILLIERS échoue à plusieurs reprises contre Solférino, mais, appuyé par la garde, il finit par s'en emparer.

Enfin, MAC-MAHON, après avoir emporté, vers 8 heures, la Casa Morino, s'y est tenu plusieurs heures ; il aborde ensuite, avec succès, le Monte-Fontana. Vers 4 heures et demie, après la prise de Solférino, il entre dans Cavriana, et achève alors d'enfoncer le centre ennemi.

Retraite au delà du Mincio et de l'Adige de l'ennemi non poursuivi (violent orage).

FIN DE LA CAMPAGNE. — ÉVÉNEMENTS QUI LA SUIVENT

Le 2 juillet, les Français sont eux-mêmes parvenus au delà du Mincio et sont rejoints par le corps de réserve (5ᵉ, prince NAPOLÉON) venant de Goïto ; ce corps, débarqué à Livourne, avait laissé dans la Haute-Italie la division D'AUTEMARRE, qui ne le rallie qu'après avoir participé aux combats de Montebello et de Palestro. Entré à Florence, renforcé par la division toscane, le 5ᵉ corps, après Magenta, franchit l'Apennin, puis entre à Parme.

Armistice de Villafranca (7 juillet).

Traité de Zurich (10 novembre). L'Autriche cède la Lombardie à la France, qui la donne elle-même au Piémont. Elle perd Venise qui, avec les duchés, la Toscane, Rome, etc..., doit former une confédération sous la présidence du pape.

Cette dernière clause ne sera jamais exécutée. CAVOUR favorise partout en Italie la révolution et, l'escamotant au profit du Piémont, il fera l'unité italienne.

La France, en raison des agrandissements du Piémont, reçoit en 1860, la Savoie et Nice.

En 1860, les Piémontais, battent à **Castelfidardo** l'armée papale (LAMORICIÈRE) et s'emparent d'**Ancône**.

En 1861, annexion des **Deux-Siciles**, après la dictature de GARIBALDI et le siège de **Gaëte** (FRANÇOIS II).

En 1870, à la faveur du départ du corps français d'occupation, les Piémontais s'installent à **Rome**.

PRÉLIMINAIRES

En 1810, **Hidalgo** lève au Mexique l'étendard de la révolte contre l'Espagne.

En 1821, **Iturbide** proclame l'indépendance.

Il est empereur de 1821 à 1823.

En 1823, fondation de la **République mexicaine.**

En 1861, **Juarez**, président de la République, après avoir lutté contre Miramon, trouve une situation financière difficile. La suspension du paiement de la dette publique et les dommages subis par les étrangers amènent la **convention de Londres** (1861) entre la France, l'Espagne et l'Angleterre, qui s'entendent pour intervenir en commun, afin d'obtenir satisfaction.

COMMANDEMENT DE JURIEN DE LA GRAVIÈRE (1861-1862)

L'amiral Jurien de la Gravière dispose, au début, de 3,000 hommes, l'Espagnol Prim de 6,000. Une flotte anglaise les appuie.

Les alliés débarquent en janvier 1862 à la Vera-Cruz. Les généraux tentent d'obtenir satisfaction en négociant.

Convention de la Soledad (19 février 1862). Le gouvernement de Juarez autorise les alliés à occuper, pendant les négociations, Cordova, Orizaba et Tehuacan, c'est-à-dire à sortir de la région des Terres chaudes.

Envoi au Mexique de la brigade de renfort de Lorencez (4,500 hommes), qui arrive le 6 mars.

Les Français s'établissent à Tehuacan.

Divergences de vues entre les Anglais et les Espagnols opposés à l'intervention dans les affaires intérieures du pays, et les Français qui y sont favorables.

Nous restons seuls au Mexique (avril 1862).

Certaines clauses de la convention de la Soledad ayant été violées par les Mexicains, Lorencez se décide à négliger celle qui prescrit le retour en arrière, en cas de rupture des négociations; lorsque ce dernier événement se produit, il entre à **Orizaba** (avril 1862).

En même temps, Jurien de la Gravière est rappelé. Napoléon III veut établir l'empire au Mexique, avec Maximilien d'Autriche.

Le général Almonte, notre protégé, est le chef d'un gouvernement provisoire, opposé à celui de Juarez.

LORENCEZ (1862)

Premières opérations contre Puebla. Avec 7,500 hommes, de Lorencez marche sur Mexico par Puebla.

Il force le passage des **Cumbres** (avril 1862), défendu par Zaragoza.

Le 5 mai, il arrive devant Puebla, ville ouverte, où résistent Zaragoza et 12,000 hommes, et commandée par la forte position du Cerro de Guadeloupe qu'il canonne sans succès. Attaque de vive force; la colonne d'attaque est prise d'écharpe par l'artillerie mexicaine. Un violent orage décide de notre insuccès.

Siège d'Orizaba (juin 1862). Retiré à Orizaba, Lorencez y est suivi et assiégé par l'armée mexicaine, qui s'empare du **Cerro-Borrego** position abrupte dominant la ville et laissée inoccupée. Le capitaine Détrie et deux compagnies du 99e la reprennent pendant la nuit, ce qui détermine la retraite des Mexicains.

FOREY (1862-1863)

Arrivé au Mexique en septembre 1862, Forey dissout le gouvernement du général Almonte. Disposant de 35,000 hommes, il fait, pour les besoins de leur ravitaillement, occuper Tampico, et il assure solidement ses communications avec Vera-Cruz.

Nouvelles opérations contre Puebla (16 mars-17 mai 1863). Les Mexicains ont établi des ouvrages sur tout le périmètre de la place, que défend Ortega avec 22,000 hommes, tandis que Comonfort tient la campagne avec 5,000 autres.

Après la prise du fort Saint-Javier, travaux et cheminements, attaque et prise successive des îlots de maisons qui forment la ville.

San-Lorenzo (8 mai 1863). Victoire de Bazaine sur l'armée de Comonfort.

Entrée des Français à Mexico (10 juin 1863). Les notables proclament Maximilien empereur du Mexique, une régence est établie.

BAZAINE (1863-1867)

Bazaine, général en chef le 1er octobre 1863, dispose de 47,000 hommes, dont 35,000 Français.

Expédition de 1864 dans l'intérieur. — C'est une campagne de guérillas; nos colonnes partent de Mexico et ont à lutter, en particulier, contre le corps de Doblado. Devant elles, en février, Juarez se retire à Monterey.

Maximilien arrive au Mexique en mai 1864, appelé au pouvoir les libéraux, sans réussir à se faire accepter par eux et il s'aliène ainsi les conservateurs.

La guerre continue, décousue, contre les Juaristes. A signaler parmi les multiples événements qu'elle présente:

Cerro de Majoma (septembre 1864). Victoire des Français à la suite de laquelle Juarez transporte son gouvernement à Chihuahua. **Occupation de Mazatlan** (novembre 1864) et de **Guyamas** (mars 1865), **siège et prise d'Oajaca** (janvier-février 1865), défendue par Diaz et emportée par Bazaine. Retraite de Juarez à Paso-del-Norte (août 1865).

Ces succès sont effacés par les embarras que nous suscitent les États-Unis, délivrés de la guerre de Sécession, et par les difficultés qui naissent entre le gouvernement de Maximilien, dont les réformes sont mal accueillies au Mexique, et celui de Napoléon III, inquiet des charges que l'expédition impose à la France.

A partir de novembre 1866, et jusqu'en février 1867, les Français évacuent le Mexique, par échelons. Dès que leur mouvement de retraite sur Mexico et la Vera-Cruz s'est dessiné, les Juaristes se sont enhardis au point qu'en octobre 1866, Diaz a repris Oajaca.

Livré à lui-même, Maximilien est assiégé par les Juaristes (février-mai 1867) et pris dans **Queretaro**; il est fusillé le 19 juin.

ÉVÉNEMENTS QUI ONT PRÉCÉDÉ ET DÉTERMINÉ LA GUERRE DE 1866

GUERRE DES DUCHÉS ET GUERRE DU DANEMARK

La Confédération germanique (38 États allemands) est fondée en 1815 et placée sous le patronage de l'Autriche.

Frédéric III, roi de Danemark, membre de la Confédération en tant que duc de Holstein et de Lauenbourg, et sans héritier direct, veut, en 1848, donner une constitution unique à ses provinces danoises et allemandes.

D'autre part, les Allemands prétendent réserver, après lui, au duc d'Augustenbourg les deux duchés allemands et le Schleswig, ce dernier pays mi-partie allemand, mi-partie danois.

La Prusse soulève et soutient les duchés contre le Danemark (1848-1851). Cette guerre, dite **des Duchés**, se termine, en 1852, au **traité de Londres**.

Les duchés recevront une constitution propre, mais toute la monarchie danoise est assurée à Christian de Glucksbourg.

En 1863, ce dernier monte sur le trône sous le nom de Christian IX. Mais le duc d'Augustenbourg réclame les duchés. La Diète de Francfort (réorganisée en 1851) le soutient en faisant envahir le Holstein par 12,000 Saxons et Hanovriens.

La Prusse et l'Autriche demandent alors à occuper ce duché. Sur le refus de la Diète, leurs troupes réunies (50,000 hommes) en expulsent les forces fédérales, envahissent le Schleswig (février 1864), puis le Jutland. En avril succombent les villes de **Duppel** et de **Frédéricia** qui restaient encore aux Danois dans le Schleswig.

Traité de Vienne (8 octobre 1864). Christian IX abandonne à la Prusse et à l'Autriche, au grand mécontentement de la Diète de Francfort et d'Augustenbourg, le Lauenbourg, le Schleswig, le Holstein.

ÉVÉNEMENTS QUI PRÉCÈDENT IMMÉDIATEMENT LA GUERRE

En août 1865, la Prusse et l'Autriche signent la **convention de Gastein**, qui attribue à la première le Lauenbourg avec l'administration du Schleswig, tandis que celle du Holstein est donnée à l'Autriche.

Prenant comme prétexte les menées des partisans d'Augustenbourg en Holstein, les Prussiens, en juin 1866, envahissent ce duché. Les Autrichiens l'évacuent et en appellent alors à la Diète qui donne tort aux Prussiens.

Ceux-ci déclarent la Diète et la Confédération dissoutes.

La Diète mobilise les troupes de la Bavière, de la Saxe, du Wurtemberg, du Hanovre et de la Hesse qui se joignent à l'Autriche contre la Prusse, à laquelle s'allie l'Italie.

FORCES EN PRÉSENCE EN JUIN 1866 — PREMIÈRES HOSTILITÉS

I. Les confédérés et les Autrichiens mettent en ligne :

1° Deux corps fédéraux : 7e (Bavarois) et 8e (autres confédérés allemands), en tout 100,000 hommes;

2° Les armées saxonne (25,000 hommes) et hanovrienne (19,000 hommes);

3° L'armée autrichienne du Sud (100,000 hommes) en Vénétie, sous l'archiduc Albert;

4° L'armée autrichienne du Nord (245,000 hommes) en Bohême, sous Benedek.

II. Les Prussiens et les Italiens disposent des forces suivantes :

1° Armée du Mein (60,000 Prussiens), sous Vogel de Falkenstein;

2° Armée du Roi (255,000 hommes) comprenant :

a) l'armée de l'Elbe, en Saxe (40,000 hommes);

b) la 1re armée sous Frédéric-Charles (100,000 hommes) en Lusace, autour de Goerlitz;

c) la 2e armée sous le Prince royal (115,000 hommes) en Silésie, sur la Neisse.

Le 15 juin, la Prusse offre inutilement la neutralité à la Saxe, au Hanovre et à la Hesse électorale.

Dès le 16, la Saxe est envahie, au nord par l'armée de l'Elbe, qui entre à **Dresde**, et à l'est par la 1re armée, tandis que l'armée saxonne fuit en Bohême.

OPÉRATIONS DE L'ARMÉE DU MEIN

I. — CONTRE LES HESSOIS ET LES HANOVRIENS

L'armée du Mein comprend trois divisions. L'une, venant de Wetzlar, envahit la Hesse; les autres, venant du Holstein et de Minden, le Hanovre.

L'armée hessoise peut rejoindre le 8e corps fédéral. L'armée hanovrienne bat en retraite vers le sud pour donner la main aux Bavarois. Les Prussiens l'ayant devancée, elle remonte vers le nord, mais elle est arrêtée, le 27 juin, à **Langensalza**. Un violent combat est livré, et, le 29, les Hanovriens, un moment victorieux, mais bientôt entourés, capitulent.

II. — CONTRE LES CORPS FÉDÉRAUX

Falkenstein concentre, le 1er juillet, à Eisenach, l'armée du Mein. Celle-ci pénètre par la route de Fulda entre le 7e corps venant de Schweinfurt et le 8e venant de Francfort, tous deux marchant sur le Hanovre.

Falkenstein se rabat à l'est sur les Bavarois qu'il défait le 10 juillet, à **Waldaschach**, à **Kissingen** et **Hammelburg**. Repoussé vers le sud-est, le 7e corps gagne Wurtzbourg.

Faisant ensuite face à l'ouest, Falkenstein bat à **Aschaffenburg** (14 juillet) les Wurtembergeois, droite du 8e corps. Le 16, il entre à **Francfort**, tandis que le 8e corps s'établit face à l'ouest sur la rive droite de la Tauber.

Manteuffel, successeur de Falkenstein, force, le 23 juillet, les passages de la **Tauber**, rejetant le 8e corps sur le 7e en position à Wurtzbourg. Le 25, sa droite bat à **Gerchsheim** et à **Helmstadt** les deux corps réunis. Le 26, sa gauche culbute d'abord à **Hettingen**, puis à **Rossbrunn**, les Bavarois.

Les préliminaires de paix arrêtent, le 28, les hostilités sur ce théâtre.

OPÉRATIONS EN BOHÊME

L'armée autrichienne du Nord, sous BENEDEK, concentrée en Bohême, entre Olmütz et Brünn, y attendait les événements. CLAM-GALLAS, avec un corps d'armée et les Saxons (en tout 60,000 hommes), établi au sud de l'Iser, surveillait les monts de Lusace.

Le plan des Prussiens était de pénétrer en Bohême, à la fois par le nord et par l'est, au moyen d'un mouvement concentrique.

L'exécution en était confiée à l'armée du Roi (composition sus-indiquée).

ARMÉE DE L'ELBE ET Iʳᵉ ARMÉE

Ces deux armées (en tout 140,000 hommes) entrent en Bohême par les monts de Lusace, à huit journées de marche l'une de l'autre, avec Gitschin comme objectif.

Podol (26-27 juin). Victoire de la 1ʳᵉ armée sur une avant-garde de CLAM-GALLAS.

Hühnerwasser (27 juin). Victoire de l'armée de l'Elbe sur une avant-garde autrichienne.

Munchengrætz (28 juin). Les avant-gardes des deux armées prussiennes forcent simultanément l'Iser. CLAM-GALLAS se retire sur Gitschin.

Gitschin (29 juin). CLAM-GALLAS résiste à la 1ʳᵉ armée, puis, rappelé par BENEDEK, se retire sur Kœniggratz, suivi par les deux armées prussiennes.

IIᵉ ARMÉE

La IIᵉ armée venant de Silésie entre en Bohême en trois colonnes par les défilés de Trautenau, de Braunau et de Nachod.

1ʳᵉ Colonne de droite et colonne du centre. — **Trautenau** (27 et 28 juin). Le 27, le Iᵉʳ corps prussien de Bonin (colonne de droite) est repoussé par le corps autrichien de Gablentz. Le lendemain, le prince de Wurtemberg, averti, tombe avec la garde (colonne du centre) sur le flanc droit découvert de Gablentz et rejette celui-ci vers le nord.

Le 29, la garde force l'Elbe à Kœnigshof.

2ᵉ Colonne de gauche. — **Nachod** (27 juin). STEINMETZ, avec le Vᵉ prussien, bat le corps autrichien de RAMMING.

Skalitz (28 juin). STEINMETZ, avec le Vᵉ prussien, renforcé du VIᵉ, bat l'archiduc LÉOPOLD qui à lui-même, avec un corps, renforcé RAMMING.

Le 29 juin, STEINMETZ bat encore, à **Schweinschædel**, un nouveau corps autrichien qui lui barrait la route, et la IIᵉ armée force les passages de l'Elbe.

SADOWA OU KŒNIGGRÆTZ (3 juillet)

BENEDEK, dont les corps ont été battus en détail, concentre l'armée du Nord en arrière de la Bistritz, de Ratschitz à droite, à Prim à gauche, 2 corps d'armée à l'aile droite, 3 au centre, les Saxons à gauche, 2 corps et la cavalerie de réserve derrière le centre. De nombreux villages en avancée, Chlum la clef de la position, Sadowa un des points de passage de la Bistritz.

Du côté prussien, l'offensive est décidée. L'armée de l'Elbe partira de Smidar, à droite, la 1ʳᵉ armée de Horitz au centre, la IIᵉ de Königinhof, à gauche. La première armée, la plus rapprochée, doit, franchissant la Bistritz, maintenir le combat au centre, les deux autres tomberont sur les flancs de l'ennemi.

L'armée de l'Elbe passe la Bistritz sous le feu des Saxons, vient donner contre la gauche ennemie, mais est tenue en échec par celle-ci.

La 1ʳᵉ armée traverse, elle aussi, la Bistritz à la suite de l'armée de l'Elbe, et en 4 colonnes. Elle est arrêtée, plusieurs heures durant, par une batterie de 180 pièces établie sur les hauteurs qui dominent la Bistritz. Seule, la division Fransecky parvient à prendre pied dans le bois de Maslowed. A 11 heures, elle est secourue par une division de la garde (IIᵉ armée) et elle résiste à l'effort de toute la droite autrichienne qu'elle attire à elle.

La IIᵉ armée arrive à midi et occupe les positions abandonnées par la droite ennemie. Attaque générale des Prussiens. A 2 heures, la garde emporte Chlum, la position centrale. A 3 heures, la gauche et le centre autrichiens se retirent sur Kœniggrætz. La cavalerie de réserve prussienne poursuit, jusqu'à l'Elbe, l'ennemi dont la cavalerie se sacrifie.

Après Sadowa, les Autrichiens se retirent sur Olmütz. La IIᵉ armée les suit, les deux autres marchent sur Vienne. La IIᵉ armée remporte, le 15 juillet, la victoire de Tobitschau et de Preran. De leur côté, l'armée de l'Elbe et la 1ʳᵉ armée s'avancent jusqu'aux portes de Vienne et de Presbourg. Le 22 juillet, un corps de la 1ʳᵉ armée, livre près de Presbourg, à un corps autrichien, le sanglant combat de Blumenau, interrompu par la nouvelle d'un armistice.

OPÉRATIONS EN ITALIE

Les forces italiennes sont ainsi réparties :

1° Armée du Roi (120,000 hommes) derrière l'Oglio ;

2° Armée de CIALDINI (200,000 hommes) au sud du Pô ;

3° Au cours des opérations, GARIBALDI interviendra avec ses volontaires.

Les 100,000 Autrichiens de l'archiduc ALBERT avaient comme point d'appui le puissant quadrilatère : Peschiera, Mantoue, Vérone et Legnago.

Custozza (14 juin). L'armée du Roi a franchi le Mincio. Débouchant de Vérone, l'archiduc la bat.

Elle doit repasser le Mincio et gagner l'Oglio.

A la nouvelle de ce revers, CIALDINI, qui passait le Pô pour intervenir sur la droite, se retire jusqu'à Bologne.

Après Sadowa, l'Autriche rappelle une grande partie de ses troupes de la Vénétie et cède cette province à la France.

Les Italiens y entrent néanmoins, tandis que GARIBALDI mène dans le Tyrol une guerre de partisans.

Lissa (20 juillet). La flotte des Autrichiens écrase celle des Italiens.

TRAITÉS DE PAIX

Préliminaires de paix de **Nikolsbourg** (ratifiés le 28 juillet) signés entre la Prusse et l'Autriche, après des négociations sous les auspices de la France.

Traité de Prague (23 août) entre la Prusse et l'Autriche. La Prusse devient seule possesseur du Schleswig-Holstein. La Confédération germanique est dissoute. Les bases d'une confédération de l'Allemagne du Nord sont jetées.

Traités de Berlin (août et septembre) entre les États allemands et la Prusse. Celle-ci acquiert le Hanovre, les duchés de l'Elbe, la Hesse électorale, le duché de Nassau et Francfort.

La Prusse gagne 4 millions et demi d'âmes et forme désormais un tout compact.

Traité de Vienne (3 octobre). L'Autriche abandonne la Vénétie à la France qui la rétrocédera à l'Italie.

PRÉLIMINAIRES, DISPOSITIONS ET PLANS DES BELLIGÉRANTS

Après 1866, la France n'avait pas obtenu de la Prusse la compensation territoriale qu'elle désirait.

En 1870, candidature d'un Hohenzollern au trône d'Espagne ; retrait de cette candidature, mais refus du roi Guillaume de prendre aucun engagement pour l'avenir. Bismarck, qui désire la guerre, lance la fameuse dépêche d'Ems. Le 19 juillet, l'état de guerre existe entre la France et la Prusse.

Dispositions et plan des Français. — Dans les premiers jours d'août, après une mobilisation hâtive, 270,000 hommes sous Napoléon (Lebœuf, major général) occupent une ligne de 280 kilomètres, savoir :

La Garde (Bourbaki), à Metz et à Nancy.
1er corps (Mac-Mahon), à Strasbourg.
2e corps (Frossard), à Saint-Avold.
3e corps (Bazaine), à Metz.
4e corps (Ladmirault), à Thionville.
5e corps (de Failly), à Bitche.
6e corps (Canrobert), à Châlons.
7e corps (Félix Douay), à Belfort.

Napoléon comptait, au début, sur l'alliance des États de l'Allemagne du Sud, de l'Autriche et de l'Italie. L'armée aurait alors passé le Rhin entre Maxau et Germersheim et suivi le Mein pour séparer les États du Sud de la confédération du Nord. Mais nous ne sommes pas prêts. Les États du Sud se joignent à la Prusse et aux États du Nord ; l'Autriche et l'Italie restent neutres. Il nous faut subir les événements et la volonté de l'adversaire.

Dispositions et plan des Allemands. — À la même époque, 390,000 hommes sont organisés en 3 armées sous le roi Guillaume (de Moltke, chef d'état-major).

Les deux premières s'avanceront vers la Sarre, savoir :

Ire armée (Steinmetz) entre la Moselle et la Nahe ;

IIe armée (Frédéric-Charles, sur le front Bingen-Manheim.

La IIIe armée (Prince royal de Prusse), formée des contingents du Sud, se rassemble à Landau. Elle doit nous empêcher d'isoler les États du Sud du reste de l'Allemagne.

Les armées allemandes auront Paris pour objectif et devront chercher à isoler nos forces du midi de la France pour les refouler dans les régions septentrionales, moins étendues. Le mot d'ordre des Allemands sera : l'offensive à outrance.

LES PREMIÈRES HOSTILITÉS EN ALSACE

Sarrebrück (2 août). Le 2e corps commence les hostilités en s'emparant de Sarrebrück, défendue seulement par un bataillon et 3 escadrons. L'armée française ne franchit pas la Sarre.

Wissembourg (4 août). Une offensive générale ayant été décidée, la IIIe armée allemande, pour exécuter l'ordre de franchir la Lauter sur le front Wissembourg-Lauterbourg, s'avançait sur 4 colonnes. Celle de droite (IIe bavarois), venant de Landau, se heurte, de grand matin à Wissembourg à la division Abel Douay, du 1er corps, placée en flèche par rapport au gros de ce corps, établi plus en arrière, de Lembach à Haguenau.

Un bataillon du 74e et le 1er tirailleurs résistent à Wissembourg au IIe bavarois, mais les Ve et XIe corps prussiens passent la Lauter en aval de la ville. Le Ve se porte contre Wissembourg, tandis que le XIe marche sur le Geisberg, droite de notre position, défendue par une brigade d'infanterie et deux batteries.

À midi et demi, le bataillon du 74e est pris dans Wissembourg et le 1er tirailleurs a dû se réfugier sur le Geisberg.

Les Allemands ayant débordé cette dernière position, la division Douay, dont le chef a été tué, peut, grâce à la résistance de 200 Français dans le château du Geisberg, se retirer sur la division Ducrot, établie à Lembach.

Après Wissembourg, il y a deux armées françaises : 1° sous les ordres de Mac-Mahon, les 1er, 5e et 7e corps ; 2° sous les ordres de Bazaine, les 2e, 3e et 4e corps et la garde.

Le 6e corps n'est pas encore arrivé. L'Empereur conserve la direction générale des opérations.

OPÉRATIONS DE MAC-MAHON EN ALSACE

Mac-Mahon veut, pour sauver l'Alsace, livrer bataille à la IIIe armée derrière la Sauer, sur les positions de Frœschwiller et d'Elsasshausen. N'ayant avec lui que le 1er corps et une division du 7e, il y donne rendez-vous, pour le 7 août, au 5e corps alors à Bitche.

De son côté, le Prince royal de Prusse avait continué son mouvement en avant, mais n'ayant pu, après Wissembourg, disposer de sa cavalerie, il ignorait la situation exacte : ses corps, éloignés les uns des autres, n'avançaient que lentement. Le Prince ne comptait, lui aussi, livrer bataille que le 7 août.

Frœschwiller (6 août). À cette date, l'armée de Mac-Mahon occupait les hauteurs escarpées de la rive droite de la Sauer, savoir :

À gauche, la division Ducrot (du 1er corps), des bois de Nehwiller jusqu'au Grosswald et en avant de Frœschwiller.

Au centre, la division Raoult (du 1er corps), de Frœschwiller à Elsasshausen.

À droite, la division Lartigue (du 1er corps) dans le Niederwald et au sud de ce bois, s'étendait jusqu'à Morsbronn.

En réserve, derrière la droite, la brigade de cavalerie Michel, derrière le centre, les divisions Pellé (anciennement Abel Douay, du 1er corps), Conseil-Dumesnil (du 7e corps) et la division de cavalerie de Bonnemains.

Notre droite était en l'air, Morsbronn mal gardé, Wœrth, qui tient sur la rive droite le passage de la Sauer, non occupé ; notre position, commandée par le vaste plateau de Gunstett où l'infanterie ennemie pourra prendre son ordre de bataille hors de la portée de nos canons.

Le même jour, la IIIe armée s'avançait en 4 colonnes.

Première phase. — À 7 heures du matin, une reconnaissance du Ve prussien canonne Wœrth. À 8 heures, le Ve prussien s'engage contre le centre français, tandis que le IIe bavarois, marchant au canon, attaque l'aile gauche : d'où le déploiement des divisions Ducrot et Raoult. Un peu plus tard, le Lartigue tente l'attaque des hauteurs de Gunstett : il échoue, mais il oblige les Allemands qui ont pris pied dans le Niederwald à retraverser la Sauer. Le Prince royal, qui ne veut pas livrer bataille, avait donné, aux deux corps allemands, l'ordre de rompre le combat ; le Ve corps, trop engagé, reste et attaque Wœrth ; le IIe bavarois obéit, puis, le combat continuant, revient. Une batterie de 108 pièces, établie sur le plateau de Gunstett, réduit notre artillerie au silence.

Le XIe corps prussien vient prolonger le Ve à gauche. Malgré leurs efforts, à midi, les Allemands n'ont pu dépasser la Sauer.

À 1 heure, arrivée du Prince royal avec la 4e colonne. Le Prince ordonne une attaque générale avec un mouvement enveloppant (confié aux Wurtembergeois) sur notre droite.

Deuxième phase. — À droite, Lartigue résiste au XIe prussien, mais il est, malgré un vigoureux retour offensif, débordé par les Wurtembergeois ; charge et anéantissement de la brigade Michel..

Au centre, le Ve prussien emporte le Niederwald et Elsasshausen ; Mac-Mahon ordonne un inutile retour offensif contre Elsasshausen.

À gauche, le 1er bavarois attaque mollement, est tenu d'abord en échec par Ducrot ; mais celui-ci doit ensuite reculer, Frœschwiller, assailli à 4 heures, est enlevé à 5, malgré la charge de la division de Bonnemains, par le 1er bavarois, le Ve et le XIe prussiens.

Retraite en désordre des Français par Reichshoffen, leur seule issue, sur Saverne. Les corps de l'armée de Mac-Mahon sont ensuite dirigés sur Châlons.

OPÉRATIONS DE L'ARMÉE DE BAZAINE

OPÉRATIONS EN LORRAINE SPICKEREN (6 août)

Tandis que les Ire et IIe armées marchaient sur la Sarre, les corps de l'armée de BAZAINE occupaient la rive gauche de cette rivière.

Le 2e avait reculé de Sarrebruck sur Forbach et Spickeren, les autres se trouvaient plus au sud.

Spickeren (6 août). Le 2e corps avait sur le plateau de Spickeren une position forte et retranchée (division LAVEAUCOUPET à droite, division VERGÉ à gauche, division BATAILLE en réserve).

Il est assailli, vers midi, par une division de la Ire armée renforcée bientôt par les autres et par celles de la IIe armée, laquelle marche au canon.

FROSSARD résiste, exécute des contre-attaques, mais n'est soutenu par personne, alors que BAZAINE pouvait facilement concentrer ses corps, le plus éloigné, la garde, se trouvant à 17 kilomètres. De plus, il disposait du chemin de fer.

Après la prise du Forbacherberg, permettant à l'ennemi de prendre sa gauche à revers, FROSSARD bat en retraite.

OPÉRATIONS DEPUIS SPICKEREN JUSQU'A BORNY (6-14 août)

Le 7 août, après Spickeren, NAPOLÉON ordonne la retraite sur le camp retranché de Metz.

Le 12, il nomme BAZAINE général en chef, et l'armée, grossie du 6e corps venu de Châlons, est établie sur la rive droite de la Moselle. On néglige d'occuper et de surveiller les points de passage de cette rivière.

Le même jour, BAZAINE, sur les instances de l'Empereur, ordonne la retraite sur Châlons par Verdun.

Pendant ce temps, les Ire et IIe armées ont pris du repos, puis se sont dirigées sur Metz. La IIIe, à la poursuite de MAC-MAHON, s'est avancée avec circonspection de Saverne sur Nancy.

Le 12 août, les deux premières armées allemandes se touchent, la IIIe est sur la Sarre. Devinant nos projets de retraite, MOLTKE prescrit une conversion générale à droite, la Ire armée marchant sur Metz, la IIe abordant la Moselle à Pont-à-Mousson, et au sud de cette ville, la IIIe se dirigeant sur Nancy.

BATAILLE DE BORNY (14 août)

Le 14 août, l'armée française, se droite et à gauche de Metz, savoir : 2e et 6e par celle de Mars-la-Tour, Moselle, à Borny, le 3e corps (De garde protègent l'opération.

Voyant notre retraite, DE GOLTZ, (Ire armée) attaque le 3e corps que sur Colombey, mais, à sa suite, la tandis que l'armée française inter rétrogradant, vient appuyer le 3e à droite allemande.

Vers le soir, arrivée sur notre IIe armée.

Nous conservons nos positions, notre retraite et la IIe armée nuant sa conversion, nous devancer

dirigeant sur Verdun, s'écoulait à le 4e corps par la route d'Étain; les tandis que sur la rive droite de la CARS, successeur de BAZAINE) et la

avec l'avant-garde du VIIe prussien soutient la garde. Il ne peut dépasser Ire armée, s'engage tout entière, rompt sa retraite et que le 4e corps, gauche et menacer sérieusement la

flanc gauche d'une division de la

mais le combat de Borny a retardé pourra, la Moselle franchie, continuant sur la route de Verdun.

Le 15 août, BAZAINE veut reprendre d'Étain et de Mars-la-Tour. Mais il faut, jusqu'à cet endroit, ne for encombrement fatal après la ba

De plus, le soir du 15 août, la l'attendre et, le 16, ne s'ébranle qu'à

Mais le 15 août, la IIe armée alle Pont-à-Mousson et Novéant. Le colonnes espacées sur la ligne de les Français par l'une ou par l'autre, en retraite vers le nord sur Verdun. loune qui va l'atteindre.

dre la retraite par les deux routes toutes deux passant par Gravelotte, mer qu'une seule colonne, d'où un taille.

4e corps en en retard, BAZAINE veut midi.

mande avait français la Moselle à 16, elle devait se prolonger en trois la Meuse pour chercher à rencontrer MOLTKE supposait, en effet, BAZAINE C'est la droite de la deuxième co

BATAILLE DE REZONVILLE (16 août)

1re Lutte contre le IIIe prussien. — Le combat commence par la canonnade que dirige, à 9 heures du matin, l'artillerie de la 5e division de cavalerie (IIe armée) contre la division de cavalerie de FORTON, au bivouac de Vionville et mal gardée.

À ce moment, le 2e corps tient Rezonville; le 6e au nord, la garde au sud, tiennent Gravelotte. Le 3e corps est vers Saint-Marcel.

L'artillerie de la 5e division est appuyée par toute la division, par toute l'infanterie et l'artillerie du IIIe prussien. FORTON est très éprouvé. Le 2e corps se porte en avant, vient occuper Vionville, le 6e corps arrive à sa gauche.

Plusieurs heures durant, le IIIe prussien reste seul, mais comme nous gardons la défensive, il réussit à prendre Vionville et à refouler le 2e corps, qui est secouru par la garde.

Le IIIe prussien est épuisé. CANROBERT, à 2 heures, s'élance contre Vionville et menace ainsi la gauche ennemie. Il est furieusement chargé par la brigade Burnow qui perce sa première ligne, est sabré par FORTON, perd la moitié de son effectif, mais arrête l'élan du 6e corps.

Vers 2 heures et demie, entrée en ligne, à notre droite, des 3e et 4e corps qui menacent de tourner l'aile gauche de l'ennemi, mais ne prenant pas l'offensive vigoureuse qui nous donnerait la victoire.

2e Intervention du Xe prussien. — Ce corps, marchant au canon, arrive à 4 heures : il a fait 45 kilomètres. FRÉDÉRIC-CHARLES lui ordonne de se jeter sur notre droite (3e, 4e et 6e corps) et de la déborder, tandis que le IIIe prussien restera opposé au 2e corps et à la garde. Dans le mouvement du Xe prussien, la brigade Wedell, d'extrême gauche, est presque anéantie par la division Cissey du 4e corps.

Pour dégager la gauche prussienne, il faut l'intervention de dix régiments de cavalerie de la IIe armée (charges de **Mars-la-Tour**). BAZAINE, au lieu de prendre l'offensive avec sa droite, ne s'inquiète que de sa gauche, qu'il craint de voir couper de Metz. Nous n'attaquons pas.

À la nuit, arrivée de détachements des VIIIe et IXe prussiens qui donnent inutilement contre la garde.

Le combat finit à 10 heures du soir. 70,000 Prussiens ont lutté contre 135,000 Français. La victoire est indécise, mais la IIe armée est établie sur notre flanc gauche, et la route de Verdun par Mars-la-Tour nous est coupée.

OPÉRATIONS DE L'ARMÉE DE BAZAINE (Suite.)

BATAILLE DE SAINT-PRIVAT (18 août)

Dispositions des armées en présence.

Après Rezonville, BAZAINE ordonne la retraite sur le plateau d'Amanvillers, sous la protection des forts de Metz.

MOLTKE ne savait pas si BAZAINE battait en retraite sur Briey, ou s'il se retirait sous Metz. Le 17 août, les deux premières armées allemandes se concentrent, face au nord, sur une ligne est-ouest. La Ire armée a passé la Moselle et s'appuie à cette rivière.

Le 18, MOLTKE nous sait sous Metz. Les Allemands exécutent alors, pour se rabattre sur nous, une conversion à droite, la Ire armée au pivot. BAZAINE les laisse manœuvrer sans les inquiéter. Il répartit ses corps entre la Moselle au sud et l'Orne au nord, ainsi qu'il suit :

A gauche, le 2e corps à Rozérieulles et au Point-du-Jour (la brigade LAPASSET à l'extrême gauche);

Au centre, le 3e corps tenant les fermes de Moscou, de Leipzig et de la Folie ;

A droite, le 6e corps, à Saint-Privat, ayant, en avancée, le 94e à Sainte-Marie-aux-Chênes;

En réserve, la garde et la réserve d'artillerie, vers le fort Plappeville qui flanque notre ligne à gauche.

Des travaux défensifs ont été exécutés sur nos positions, mais le 6e corps, arrivé de Châlons sans matériel de parc, est insuffisamment retranché. Son aile droite, vers la forêt de Jaumont, est en l'air.

PLAN DES ALLEMANDS. — La Ire armée et la droite de la IIe exécuteront une attaque de front contre notre centre et notre gauche, tandis que la gauche de la IIe armée tournera notre droite.

La bataille.

1° Attaque de front. — Le IXe prussien (IIe armée) engage vers midi une lutte d'artillerie contre Amanvillers qu'il suppose marquer notre droite. Il attire sur lui le feu du 4e corps et celui des corps flanquants. Ses batteries sont appuyées par l'artillerie du IIIe prussien (IIe armée), corps de 2e ligne, et par celle de la garde. A 5 heures, le IXe prussien n'a pu emporter ni Amanvillers ni la Folie qu'il a aussi attaquée.

Pendant cette phase du combat, la Ire armée n'est pas plus heureuse. En effet, le VIIe prussien, contenu par la brigade LAPASSET, est arrêté à la lisière du bois de Vaux. Le VIIIe prussien échoue contre le centre, à Moscou et au Point-du-Jour.

A partir de 5 heures, tous les corps prussiens s'engagent à fond, mais sans plus de succès. La Ire armée a été en vain renforcée par le IIe corps qui arrive en chemin de fer. A 7 heures du soir, nous paraissons victorieux sur cette partie du champ de bataille.

2° Mouvement débordant. — La gauche prussienne a attendu, pour prononcer son mouvement, que l'attaque de front soit bien dessinée. La garde masque le XIIe saxon chargé de nous déborder. Elle chasse à 5 heures le 94e de Sainte-Marie-aux-Chênes et s'élance sur Saint-Privat, sans que son attaque ait été préparée par l'artillerie. Elle s'avance jusqu'à 300 pas du village sur un terrain découvert et perd 6,500 hommes. CANROBERT, non secouru par BAZAINE qui ne songe qu'à couvrir sa gauche, ne prend pas l'offensive.

Pendant ce temps, les Saxons nous tournent à l'extrême droite où la brigade PECHOT doit évacuer Roncourt et résister à l'entrée de la forêt de Jaumont. Ils donnent la main à la garde.

A 7 heures et demie, Saint-Privat est bombardé par 210 pièces allemandes, tandis que les munitions nous manquent, et à 8 heures, emporté par la garde et par les Saxons.

La retraite du 6e corps entraîne celle du 4e protégée par une division de la garde qu'envoie BOURBAKI.

INVESTISSEMENT DE METZ

Après Saint-Privat, BAZAINE reste sous Metz, à l'abri des forts (Queuleu, Saint-Julien, Plappeville, Saint-Quentin, etc...).

L'armée française est répartie ainsi :

Rive droite de la Moselle : 2e et 3e corps ;

Rive gauche : 4e, 6e corps et la garde.

Une armée allemande sous les ordres de FRÉDÉRIC-CHARLES investit Metz. Elle est formée de 7 corps et de 2 divisions de cavalerie (150,000 hommes) empruntés aux Ire et IIe armées, tandis que les IVe et XIIe corps et la garde forment, sous le PRINCE DE SAXE, la IVe armée, destinée à lutter contre l'armée qui se forme à Châlons.

FRÉDÉRIC-CHARLES établit autour de Metz des postes avancés d'un développement de 45 kilomètres, et fait préparer en arrière des positions de combat plus ou moins fortifiées.

FIN DES OPÉRATIONS

BAZAINE annonce à NAPOLÉON que pour lier ses opérations à celles de l'armée de Châlons il va marcher sur Montmédy. Mais son désir est de rester sous Metz, d'y conserver son armée intacte et de jouer un rôle politique. Il croit sa conduite excusable parce qu'il pense immobiliser ainsi 200,000 Allemands et pouvoir percer quand il le voudra.

Sortie du 26 août, sur la rive droite de la Moselle, tentée sans conviction et arrêtée par un ouragan.

Noisseville (31 août-1er septembre). Sortie dans la direction de Montmédy et combat sur la ligne des grand'gardes ennemies. Le 31 août, BAZAINE attend que tous ses corps aient franchi la Moselle, à 4 heures du soir, pour attaquer les Allemands. Nous nous emparons de Noisseville et de plusieurs villages.

Le 1er septembre, les Allemands, malgré une première tentative infructueuse, réussissent à reprendre Noisseville.

Après la capitulation de Sedan, BAZAINE entreprend avec l'ennemi des négociations coupables et ne tente plus, à la fin de septembre et en octobre, que de petits coups de main pour s'approvisionner. Le plus important est le combat de Bellevue (7 octobre).

Toul avait capitulé le 23 septembre, Strasbourg le 28.

Le 27 octobre, **capitulation de Metz** : 170,000 hommes sont prisonniers de guerre.

OPÉRATIONS DE L'ARMÉE DE CHALONS JUSQU'A SEDAN

Opérations jusqu'à la reprise du contact avec l'ennemi.

ARMÉE DE CHALONS SOUS MAC-MAHON (135,000 hommes). } 1er, 5e et 7e corps arrivés à Châlons du 17 au 20 août, et 12e corps (LEBRUN) nouvellement formé.

MAC-MAHON désirait s'établir et attendre l'ennemi vers Paris. Le ministre PALIKAO voulait qu'il se portât sur Metz, au secours de BAZAINE. Il adopte une solution intermédiaire, en gagnant Reims, le 21 août : de là, il peut aisément se porter sur Paris ou sur Metz.

Une dépêche de BAZAINE, parvenue le 22, annonçant la marche de celui-ci sur Montmédy, MAC-MAHON se porte sur cette ville par Stenay.

Le 23 août, il est sur la Suippe, le 25 de Rethel (où sont les magasins) sur l'Aisne, à Vouziers sur la Meuse : beaucoup de lenteurs et de crochets inutiles.

Après Frœschwiller, les Allemands ont perdu le contact. Ils connaissaient la formation de l'armée de Châlons et croyaient à sa marche sur Paris. Les IIIe et IVe armées se dirigèrent vers l'ouest, sur Châlons, la IIIe à gauche, venant de Nancy, la IVe à droite, formant échelon en arrière, venant de Metz, par Vitry.

Le 25 août, DE MOLTKE apprend par le Temps notre marche sur Metz. Pour nous couper de la Meuse, il prescrit aux IIIe et IVe armées une conversion vers le nord avec Stenay comme objectif.

Opérations depuis la reprise du contact avec l'ennemi.

Le 26 août, la cavalerie allemande reprend le contact et DOUAY croit au voisinage de forces considérables sur son flanc droit. Toute l'armée française appuie à droite, puis reprend ses positions.

Le 27, MAC-MAHON, sachant la IVe armée sur la rive droite de la Meuse, la IIIe en marche sur Châlons vers sa ligne de retraite et FRÉDÉRIC-CHARLES, en mesure de l'attaquer de front, tout en bloquant Metz, juge sa situation critique et marche sur Mézières.

Le 28, sur l'ordre de PALIKAO, il revient sur Montmédy.

Nouart (29 août). Tandis que le 12e corps passe la Meuse à Mouzon, le 5e, en marche sur Stenay, s'attarde, de sorte que les avant-gardes de la IVe armée peuvent gagner cette dernière localité. MAC-MAHON envoie alors à DE FAILLY l'ordre de marcher sur Mouzon, ordre qui ne lui parvient qu'à 4 heures du soir, quand il a livré combat à l'avant-garde saxonne. Rétrogradant sur Beaumont, de Failly arrive la nuit dans cette localité.

Beaumont (30 août). À midi, le 5e corps bivouaque dans un bas-fond ; aucune mesure de sécurité. Entouré par la IVe armée qui a franchi la Meuse et que soutient l'aile droite de la IIIe, il peut à grand'peine gagner les hauteurs qui dominent la ville et se retirer. Il perd 1,600 hommes et laisse 3,000 prisonniers. Dans l'après-midi il a été secouru par une partie du 12e corps repassée sur la rive gauche de la Meuse.

Le même jour, le 7e corps, en marche vers la Meuse, est harcelé par l'ennemi.

Le soir, toute l'armée française est sur la rive droite de la Meuse dont les ponts ne sont pas rompus. La retraite sur Mézières est ordonnée.

Le 31 août, l'armée de MAC-MAHON, épuisée, se concentre à Sedan.

BATAILLE DE SEDAN (1er septembre)

Préliminaires et dispositions des armées en présence.

De Sedan, MAC-MAHON pouvait s'échapper soit par la route de Bouillon vers la Belgique, soit par le défilé de Saint-Menges entre la Meuse et la forêt des Ardennes. Un jour de repos rend sa retraite impossible.

La IVe armée sur la rive droite de la Meuse lui barre la route de Metz. La IIIe sur la rive gauche tient les ponts de Bazeilles (1er bavarois) en amont, et de Donchery (XIe prussien) en aval de Sedan.

Le 31 août, les Français se trouvent dans une sorte d'entonnoir en triangle, dont les trois côtés sont : à l'ouest, la Meuse avec Sedan ; au nord, le ravin de Floing ; à l'est, la Givonne avec le calvaire d'Illy, clef de la position, et le bois de la Garenne au nord, la Moncelle et Bazeilles au sud.

Le 7e corps, à gauche, occupe le ravin de Floing et le calvaire d'Illy ; le 1er corps, au centre, le cours supérieur de la Givonne et le terrain en avant du bois de la Garenne ; le 12e corps, à droite, la Moncelle et Bazeilles.

Le 5e corps (DE WIMPFFEN, successeur de DE FAILLY) est en réserve vers Sedan.

La bataille (1er septembre 1870).

Le 1er septembre, dès 4 heures du matin, le 1er bavarois (IIIe armée) passe la Meuse à Bazeilles et attaque ce village opiniâtrément défendu par la division de marine de Vassoigne. Tandis que le IIe bavarois demeure sur la rive gauche et canonne Sedan, le reste de la IIIe armée passe la Meuse à Donchery et s'avance par le défilé de Saint-Menges.

La IVe armée, remontant vers le nord, nous coupe la route de Bouillon et son XIIe corps saxon marche à l'attaque de la Moncelle et au secours des Bavarois.

À 7 heures et demie, MAC-MAHON, blessé, est remplacé par DUCROT qui prescrit la retraite sur Mézières. Prise de la Moncelle par les Saxons et de Bazeilles par les Saxons et les Bavarois.

À 9 heures, WIMPFFEN, en vertu d'une lettre de service qui le désignait comme successeur éventuel de MAC-MAHON, et qu'il détenait, remplace DUCROT et ordonne de poursuivre la lutte.

Celle-ci continue, très vive à notre droite, où les Saxons et les Bavarois ont raison de notre 12e corps.

Tandis qu'à l'est la garde prussienne (IVe armée) vient lier son attaque à celle des Saxons et fait reculer le 1er corps sur le bois de la Garenne, au nord le 7e corps est, à midi, écrasé par l'artillerie des XIe et Ve prussiens (IIIe armée). Ce dernier corps ayant pu donner la main à la garde, l'armée française est entourée.

À 1 heure, le IXe prussien s'empare du calvaire d'Illy. Ducrot veut le reprendre et se trouve écrasé par le feu de 200 pièces. Il tente alors de percer sur Mézières et fait charger en vain la division du général MARGUERITTE (remplacé par GALLIFFET).

À 2 heures, WIMPFFEN essaie de percer vers l'est, sur Montmédy. Il échoue. L'Empereur ordonne de traiter.

Le 2 septembre, l'armée est prisonnière de guerre.

Le 4 septembre, la **République** est proclamée à Paris.
Gouvernement de la Défense nationale (12 membres ; TROCHU, gouverneur de Paris, en est le président).

GUERRE DE 1870-1871 (LES ARMÉES IMPROVISÉES)

OPÉRATIONS SUR LA LOIRE

OPÉRATIONS DU 15ᵉ CORPS

Après Sedan et Metz, plus d'armées régulières. On fait appel aux marins, aux mobiles, aux mobilisés, etc.....

L'amiral Fourichon, ministre de la guerre en septembre 1870, organise le 15ᵉ corps. Gambetta, installé à Tours, est ministre de la guerre en octobre : déjà près de 100,000 hommes sont armés.

Le 15ᵉ corps (60,000 hommes) sous La Motterouge comprend 3 divisions d'infanterie, 1 de cavalerie, 130 canons. Rassemblé au nord de la Loire, autour d'Orléans, il est opposé au Iᵉʳ bavarois (von der Tann) détaché sur cette ville, ainsi que la division de Wittich du XIᵉ prussien, de l'armée d'investissement de Paris.

Artenay (10 octobre). Défaite de l'avant-garde du 15ᵉ corps qui s'est porté en avant.

Prise d'Orléans par les Allemands (11 octobre). Le 15ᵉ corps se replie sur la rive gauche de la Loire, tandis que son arrière-garde défend la ville sur la rive droite.

Prise de Châteaudun, le 18 octobre, et occupation de Chartres, le 21, par la division de Wittich.

Opérations contre les Bavarois.

D'Aurelle, successeur de La Motterouge, reconstitue le 15ᵉ corps à Salbris, derrière la Sauldre, passe sur la rive droite de la Loire, et rejoint à Blois le 16ᵉ corps (Chanzy), qui y a été formé. D'Aurelle, nommé général en chef, doit attaquer Orléans par l'ouest avec toutes ses forces, tandis que la division des Pallières (du 15ᵉ corps) l'attaquera par l'est.

A l'approche des Français, von der Tann se porte vers l'ouest et s'arrête à Coulmiers.

Coulmiers (9 novembre). Avec 70,000 hommes nous débordons sur leurs deux ailes 20,000 Bavarois concentrés à Coulmiers. Mais Reyau, qui s'était, avec sa division de cavalerie, porté vers Patay, sur la ligne de retraite des Allemands, se contente de les canonner et ne fait pas le mouvement tournant qui doit les couper de Paris. Des Pallières, dont le mouvement était prévu pour le 11 novembre, arrive trop tard pour les empêcher de se retirer sur Toury.

Après Coulmiers, d'Aurelle retranche fortement au nord de la Loire, dans la forêt d'Orléans, les 15ᵉ et 16ᵉ corps. Le 18ᵉ corps (Billot), nouvellement formé, et le 20ᵉ (Crouzat), venant de l'est, s'étendent, à leur droite, jusque vers Montargis, tandis qu'à leur gauche, le 17ᵉ corps (de Sonis), de création récente, s'établit derrière la forêt de Marchenoir. L'armée de la Loire occupe ainsi un front de 60 kilomètres.

LE GÉNÉRAL D'AURELLE

Opérations contre le Grand-Duc et contre la IIᵉ armée.

Beaune-la-Rolande (28 novembre).

Après Coulmiers, le Iᵉʳ bavarois, rappelé à Ablis, au nord-est de Chartres, est placé, avec la division de Wittich, une autre division d'infanterie prussienne et deux divisions de cavalerie, sous les ordres du grand-duc de Mecklembourg. Celui-ci entre à Dreux et à Nogent-le-Rotrou.

D'autre part, Frédéric-Charles, venant de Metz, s'avance sur Orléans avec 3 corps de la IIᵉ armée (IIIᵉ, IXᵉ, Xᵉ) et se relie au grand-duc.

Le 28 novembre, celui-ci est à l'extrême droite de la IIᵉ armée, vers Châteaudun, le Xᵉ prussien à la gauche, à Beaune-la-Rolande.

D'Aurelle voulait attendre l'ennemi dans ses lignes. Sur l'ordre de Gambetta, après des tentatives décousues, qui commencent le 24 novembre, il prescrit un mouvement sur Pithiviers.

Beaune-la-Rolande. Le 28 novembre, notre droite (18ᵉ et 20ᵉ corps), sous Crouzat, exécutant cet ordre, se heurte au Xᵉ prussien, ce qui amène deux actions distinctes :

1ᵒ A gauche, le 18ᵉ corps s'empare des villages à l'ouest de Beaune et entoure en vain cette localité, dont les défenseurs sont secourus dans la soirée par des fractions du IIIᵉ prussien ;

2ᵒ A droite, l'aile gauche du 20ᵉ corps enlève quelques villages, mais l'obscurité arrête ses succès. Retraite des Français.

Orléans (3-4 décembre).

L'armée de Paris devant tenter une sortie sur Fontainebleau, Gambetta prescrit à d'Aurelle de se porter à son secours, en se rabattant sur Pithiviers au moyen d'une conversion à droite.

Les corps les plus à gauche (16ᵉ et 17ᵉ) s'ébranleront le 1ᵉʳ décembre, marchant sur Toury, les autres corps, le 2, avec Pithiviers comme objectif.

Villepion (1ᵉʳ décembre). Le 16ᵉ corps rejette sur Loigny le Iᵉʳ bavarois établi à Villepion et aux environs.

Loigny-Poupry (2 décembre). L'armée, continuant son offensive, lutte contre les forces du grand-duc. A sa gauche, le 16ᵉ corps, non soutenu par le 17ᵉ, est rejeté sur Loigny (charge des zouaves de Charette), tandis qu'au centre le 15ᵉ est repoussé de Poupry. Sa droite ne dessine pas alors son mouvement sur Pithiviers.

Bataille d'Orléans (3-4 décembre). La IIᵉ armée, ayant reçu l'ordre de s'avancer sur Orléans, se heurte tout entière contre notre centre, au nord de la forêt d'Orléans sur la ligne Chevilly-Chilleurs-aux-Bois. Le 15ᵉ corps, à peine soutenu par ses voisins, est culbuté et, le 4 décembre, après des combats d'arrière-garde, évacue Orléans, où Frédéric-Charles entre le 5.

Le 15ᵉ corps passe sur la rive gauche de la Loire, que traversent aussi, à l'est d'Orléans, les 18ᵉ et 20ᵉ, tandis que les 16ᵉ et 17ᵉ, restés sur la rive gauche, se dérobent à l'ennemi vers l'ouest.

OPÉRATIONS SUR LA LOIRE (Suite.)

FORMATION DE LA 2ᵉ ARMÉE — SA RETRAITE SUR LE LOIR

Après Orléans, il y a deux armées de la Loire. Bourbaki a le commandement de la 1ʳᵉ forte d'environ 100,000 hommes : 15ᵉ corps (des Pallières), 18ᵉ (Billot) et 20ᵉ (Crouzat). Ces corps, complètement épuisés, ne peuvent se concentrer à Bourges qu'à grand'peine, le 12 décembre, après des marches et des contre-marches. Réorganisés, ils sont, peu après, transportés dans l'Est.

La 2ᵉ armée sous Chanzy, forte d'environ 120,000 hommes, comprend : le 16ᵉ corps (Jauréguiberry), le 17ᵉ (de Colomb), le 21ᵉ (Jaurès) qui vient de se former à Blois.

Retraite sur le Loir (5-13 décembre). Chanzy protégé par le 21ᵉ corps, se retire en combattant sur Beaugency. Il s'établit avec 60,000 hommes, face à l'est, la droite à la Loire, à Beaugency ; la gauche, à la forêt de Marchenoir.

D'autre part, les troupes du Grand-duc marchent sur Tours, et, dès le 7 décembre, 270,000 hommes attaquent Chanzy sans résultat.

Beaugency (8-10 décembre). Le 8 décembre, il leur résiste sur les mêmes positions. A la nuit seulement, Beaugency est emporté par les Prussiens. Chanzy recule alors son aile droite et lutte encore le 9 et le 10 décembre.

Sachant que le IXᵉ prussien passe à Blois, de la rive gauche sur la rive droite de la Loire, et craignant d'être pris à revers, il se retire le 11 décembre, couvert par une division. Au moyen d'une conversion à gauche, il gagne la ligne du Loir, qu'il occupe le 13, de Vendôme à Fréteval.

RETRAITE SUR LA SARTHE ET SUR LA MAYENNE

Retraite sur la Sarthe.

La résistance imprévue de l'armée de Chanzy attire sur celle-ci toutes les forces de la IIᵉ armée allemande de Frédéric-Charles qui se concentre aux environs de Vendôme. Après plusieurs engagements (**Vendôme et Fréteval,** 14 et 15 octobre) où Chanzy lutte vigoureusement, les Français battent en retraite en 3 colonnes, et en désordre sur le Mans.

Cependant, craignant une tentative de Bourbaki sur Montargis, Frédéric-Charles regagne Orléans, ne laissant que le Xᵉ prussien sur le Loir, en face de Chanzy. Ce dernier se concentre à l'est du Mans et se couvre par des colonnes mobiles.

Lorsque Frédéric-Charles n'a plus à craindre Bourbaki, il marche de nouveau contre Chanzy, de concert avec le Grand-duc. Ils ont ensemble 75,000 hommes. Le Grand-duc s'avance à droite par la vallée de l'Huisne, Frédéric-Charles, à gauche, au sud de cette rivière. Les colonnes mobiles françaises sont refoulées.

Le 9 et le 10 janvier, les Allemands nous livrent une lutte acharnée et s'emparent de nos positions avancées. Chanzy est obligé d'accepter la bataille dans les lignes du Mans.

Bataille du Mans et retraite sur la Mayenne.

Le Mans (11 janvier). Les Français sont établis au sud-est et à l'est du Mans, à cheval sur l'Huisne, la droite à la Sarthe. Le 21ᵉ corps est à gauche, le 17ᵉ au centre, le 16ᵉ à droite.

Le 21ᵉ corps, qui a dû abandonner une position de première ligne, résiste toute la journée sur une autre plus en arrière, au Grand-duc, qui ne peut faire sa jonction avec la 11ᵉ armée.

Le 17ᵉ corps se voit enlever par le IIIᵉ prussien le plateau d'Auvours, qui est ensuite repris par les mobiles bretons.

Mais, à notre droite, à la nuit, la position de la Tuilerie gardée par les mobilisés d'Ille-et-Vilaine est emportée par surprise par l'avant-garde du Xᵉ prussien. Cet événement, qui force notre droite à reculer, détermine la panique et la déroute dans toute l'armée française, épuisée d'ailleurs.

Le 12 janvier, celle-ci évacue Le Mans en combattant encore et se retire derrière la Sarthe.

Retraite sur la Mayenne (12-17 janvier). Sur l'ordre de Gambetta, Chanzy se porte derrière la Mayenne. Les Allemands lassés l'inquiètent peu et ne lui livrent que des combats d'arrière-garde (affaire de **Sillé-le-Guillaume,** 17 janvier).

Chanzy se préparait à reprendre l'offensive quand fut signé l'armistice du 28 janvier.

OPÉRATIONS DANS LE NORD

OPÉRATIONS DU 22e CORPS

En octobre 1870, des forces françaises s'organisent en Normandie et dans le Nord. En Normandie 20,000 hommes se groupent autour de Rouen, bientôt confiés au général Briand. L'armée du Nord, on 22e corps, se forme autour de Lille, sous la direction du médecin Testelin, puis de Bourbaki dont Farre est le chef d'état-major.

Le 21 octobre, un détachement allemand entre à Saint-Quentin. Metz pris, une armée commandée par Manteuffel (Ier et VIIe corps) a la mission de s'établir à Amiens et à Rouen et de couvrir ainsi l'investissement de Paris.

Bourbaki ayant été rappelé, Farre commande provisoirement le 22e corps (18 novembre-3 décembre).

Villers-Bretonneux (27 novembre). Avec 25,000 hommes, il veut interdire à l'ennemi l'entrée d'Amiens. La brigade Paulze d'Ivoy (8,000 mobiles) s'établit dans des retranchements, à 4 kilomètres au sud de la ville, entre la Celle et l'Avre. Les brigades Derroja et du Bessol s'appuient à droite de l'Avre, à Longueau, et vont, à gauche, jusqu'à Villers-Bretonneux. La brigade Lecointe est en réserve derrière elles. Nous occupons un front de 24 kilomètres. Les ponts de Corbie assurent notre retraite. Du côté allemand, le VIIIe corps est chargé des attaques de gauche entre la Celle et l'Avre, le Ier des attaques à droite de l'Avre, tandis qu'à l'extrême droite, une division de cavalerie doit menacer notre aile gauche. Farre résiste toute la journée avec des alternatives de revers et de succès. Le soir, il recule même l'ennemi au centre, mais, à la nuit, il perd à sa gauche Villers-Bretonneux. Nous battons en retraite sur le nord par Corbie et Amiens sans être inquiétés.

Le 28 novembre, les Allemands entrent à Amiens dont la citadelle capitule le 30. La Fère avant capitulé le 27, ils possèdent la ligne de la Somme jusqu'à Abbeville, Péronne nous restant.

Après Villers-Bretonneux, Manteuffel, laissant une brigade sur la Somme, marche sur Rouen, où il entre le 5 décembre après avoir culbuté l'aile gauche de l'armée de Normandie. Il y laisse le Ier corps et renvoie sur la Somme le VIIIe (général de Goben).

L'ARMÉE DU NORD-FAIDHERBE (3 DÉCEMBRE-28 JANVIER)

Pont-Noyelles.

L'armée du Nord est réorganisée sous Faidherbe au début de décembre. Elle comprend 40,000 hommes en deux corps d'armée de deux divisions chacun : le 22e (Lecointe) et le 23e (Paulze d'Ivoy) avec 80 canons. Faidherbe prend l'offensive pour forcer la ligne de la Somme et empêcher Manteuffel, maître de Rouen, d'attaquer le Havre. Il vient prendre position derrière l'Hallue, face à l'ouest.

Pont-Noyelles (23-24 décembre). 2 divisions occupent, sur la rive gauche de l'Hallue, une ligne de 11 kilomètres, la gauche au confluent de la rivière avec la Somme. Elles ont des avant-postes sur la rive droite. 2 divisions sont en arrière, l'une à Corbie, l'autre plus au nord. Manteuffel arrive d'Amiens avec le VIIIe corps et une brigade du Ier par la rive droite de la Somme. Il veut nous maintenir de front avec une division, tourner notre droite avec une autre; une brigade restera en réserve.

Le 23 décembre, de 11 heures à la nuit, il s'empare des passages de l'Hallue et de plusieurs villages, mais il ne réussit pas à tourner notre droite.

Le 24, à l'aube, nous reprenons l'offensive; Manteuffel résiste sur ses positions, porte sa brigade de réserve sur Corbie, menaçant ainsi notre flanc gauche. À deux heures, Faidherbe se retire sur le nord.

Bapaume.

Après Pont-Noyelles, Péronne découverte est investie par une division de réserve et une brigade allemandes. Le VIIIe corps établi au nord sur un arc de cercle, d'Amiens jusqu'au delà de Bapaume, couvre le siège. Faidherbe se porte contre lui.

Bapaume (3 janvier). De bonne heure, l'armée du Nord (22e corps à droite, 23e à gauche) attaque la division Kummer concentrée autour de Bapaume. Elle s'empare de tous les postes avancés de l'ennemi. Le 22e corps déborde complètement l'aile gauche de celui-ci. À partir de midi, Kummer résiste dans Bapaume même. Cependant, grâce aux renforts que Goben lui envoie, il peut s'y maintenir et réoccuper des points d'appui qui assurent ses flancs.

Le 4 janvier, Goben retirait derrière la Somme ses troupes fatiguées quand il apprit la retraite de l'armée du Nord. Épuisée, elle aussi, elle se repliait sur Arras. Les Allemands, alors, réoccupèrent Bapaume.

Le 9 janvier, **Péronne** capitulait.

Saint-Quentin.

L'armée de Paris devant tenter un dernier effort, Faidherbe a la mission d'attirer à lui le plus de forces ennemies possible. Les passages de la Somme étant au pouvoir des Allemands, l'armée du Nord exécute sur la rive droite et parallèlement à la rivière des marches forcées par le flanc gauche, menaçant ainsi la ligne de l'Oise. Le mauvais temps la retarde.

Pendant ce temps, Goben, successeur de Manteuffel, qui a deviné les projets de Faidherbe, marche sur Saint-Quentin par la rive gauche de la Somme, avec le VIIIe corps, une partie du Ier, rappelé de la Basse-Seine, et une division de réserve (en tout 32,000 hommes).

Saint-Quentin (19 janvier). Faidherbe établit son armée (40,000 hommes), en demi-cercle, à l'ouest et au sud de la ville, le 22e corps à gauche de la Somme et du canal, le 23e à droite.

Les Allemands l'attaquent sur toute la ligne. Après des revers et des succès partiels et sept heures de lutte, ils débusquent son armée de ses positions et la rejettent sur Saint-Quentin. Pour ne pas être cerné, Faidherbe ordonne la retraite sur les places du Nord. L'ennemi tout en s'avançant jusqu'à Cambrai ne le suit que mollement, puis regagne la ligne de la Somme.

Faidherbe se préparait à reprendre l'offensive, lors de l'armistice du 28 janvier.

OPÉRATIONS DANS L'EST

OPÉRATIONS AVANT LA FORMATION DE L'ARMÉE DE L'EST

Commandement du général Cambriels.

Au début d'octobre, CAMBRIELS occupe la région d'Épinal avec 30,000 Français (francs-tireurs, mobiles, etc….). Besançon et Belfort sont organisés.

A la même époque, WERDER, qui doit, avec le XIVe corps allemand, assurer les communications entre les armées d'investissement de Metz et de Paris, franchit les Vosges, puis, à Raon-l'Étape, la Meurthe.

CAMBRIELS, après le combat de la **Bourgonce** (6 octobre), va s'établir et se retrancher à **Bruyères**.

Là, le 11 octobre, il ne peut résister à WERDER. Il se retire sur Besançon et y organise le 20e corps.

WERDER occupe Épinal, échoue dans une tentative sur Besançon, se retire sur Gray, entre à **Dijon**, le 31 octobre (résistance du colonel FRANCONNET), puis à Vesoul.

Vers cette époque, succombent **Schlestadt** (24 octobre) et **Neuf-Brisach** (10 novembre).

Belfort est investie le 3 novembre par deux divisions de réserve : elle fera jusqu'au 16 février une héroïque résistance (défense de DENFERT).

Bitche se signala aussi et n'ouvrit ses portes à l'ennemi que sur l'ordre du gouvernement (27 mars). Elle avait été attaquée aussitôt après Fræschwiller.

Après le départ de Cambriels.

Le 20e corps (CRÔUZAT, successeur de MICHEL qui avait lui-même remplacé CAMBRIELS) est appelé sur la Loire.

Entre la Saône et le Rhône, il y a dès lors deux armées : celle des Vosges (GARIBALDI, 16,000 hommes) et celle de Lyon (BRESSOLLES) en formation, de laquelle est détachée sur Beaune la division CREMER (10,000 hommes).

GARIBALDI et CREMER doivent marcher de concert sur Dijon. Le premier est repoussé, le 26 novembre, sur **Autun**, où la brigade KELLER le surprend le 1er décembre. Mais CREMER se porte contre KELLER, qui, battu le 3 décembre, rétrograde sur Dijon.

Nuits (18 décembre). CREMER attendait que GARIBALDI se refît, quand il fut assailli par une division badoise. Après avoir résisté toute une journée, il se retire sur Chagny.

L'ARMÉE DE L'EST

Opérations contre le XIVe corps.

L'armée formée sous BOURBAKI (130,000 hommes) se compose des 3 corps de la première armée de la Loire (15e, des CHENE ; 18e, BILLOT ; 20e, CLINCHANT), du 24e corps de BRESSOLLES (armée de Lyon) et de la division CREMER.

Elle doit marcher sur Belfort par la vallée de l'Ognon et se porter sur les bases de communications des armées allemandes. Beaucoup de lenteurs. L'armée n'est qu'au début de janvier entre Dijon et Besançon.

A l'approche de BOURBAKI, WERDER évacue Dijon qu'occupe alors GARIBALDI. Il concentre ses forces autour de Vesoul et, lorsque l'armée de l'Est remonte l'Ognon, il prend l'offensive contre elle.

Villersexel (9 janvier). Après un combat acharné, WERDER doit lâcher pied. Mais il peut, par une marche de flanc, exécutée devant notre front, aller occuper la ligne de la Lisaine (rive gauche). Il couvre ainsi Belfort.

Héricourt (15-17 janvier). 45,000 Allemands s'étendent de Montbéliard, à gauche, à Chenebier, à droite, par Héricourt, sur un front de 5 lieues qu'ils ont fortifié. BOURBAKI veut s'emparer d'Héricourt, après avoir fait déborder la droite ennemie par CREMER et BILLOT.

15 janvier. — Notre attaque de front, sur toute la ligne, est sans résultat. A notre droite, le 15e corps entré à Montbéliard échoue contre le château. CREMER et BILLOT sont, d'autre part, retardés par le mauvais état des routes.

16 janvier. — L'attaque de front échoue encore et si CREMER et une division de BILLOT s'emparent de Chenebier, sur la droite ennemie, ils ne poursuivent pas leur succès.

17 janvier. — Offensive des Allemands sur leur droite ; ils ne peuvent reprendre Chenebier, mais nous ne progressons sur aucun point. L'armée est épuisée. Il faut battre en retraite.

Le 22 janvier, BOURBAKI est à Besançon. WERDER l'a suivi et une nouvelle armée allemande sous MANTEUFFEL (armée du Sud) menace de le couper de Lyon.

Opérations contre l'armée du Sud.

MANTEUFFEL avec l'armée du Sud (IIe et VIIe corps) est envoyé au secours de WERDER. Concentrée à Nuits et à Châtillon-sur-Seine, son armée s'ébranle le 14 janvier. Il veut marcher sur Vesoul en passant entre Langres et Dijon, villes au pouvoir des Français.

Après un engagement contre la garnison de Langres (avant-garde du VIIe corps, 14 janvier), il laisse devant cette ville un détachement.

Le succès d'Héricourt change le plan de MANTEUFFEL. Il veut barrer la vallée de la Saône, en aval de Besançon où BOURBAKI doit se réorganiser.

Tandis qu'il marche sur Dôle, il lance sur Dijon la brigade KETTLER. Celle-ci est repoussée (20-23 janvier), mais MANTEUFFEL n'est pas inquiété.

L'armée du Sud entre à Dôle et à Salins au sud de Besançon, tandis qu'au nord-est WERDER est à Beaune-les-Dames.

BOURBAKI veut alors gagner Lyon par Pontarlier en longeant le Jura. Il tente de se tuer. CLINCHANT le remplace.

L'armée de l'Est s'arrête à Pontarlier, lors de l'armistice du 28 janvier, mais elle n'a pas été comprise dans l'armistice et les Allemands ont eu le temps de lui barrer la route au sud. Le 2 février, elle entre en Suisse, sous la protection des forts de Joux, après un dernier combat livré, à l'arrière-garde, par le 18e corps.

OPÉRATIONS   SOUS PARIS

ORGANISATION DE LA DÉFENSE
MARCHE DES ALLEMANDS SUR PARIS

Dès le 4 septembre, les IIIe et IVe armées allemandes, à l'exception de deux corps, en tout 150,000 hommes, marchent sur Paris. La IIIe armée, s'avançant par la vallée de la Marne, doit passer la Seine à Villeneuve-Saint-Georges et investir la place sur la rive gauche de la Marne et de la Seine. La IVe, suivant les vallées de l'Aisne et de l'Oise, l'investira sur la rive droite.

Paris, sous l'autorité de Trochu, généralissime et chef du Gouvernement, est divisé en neuf secteurs et défendu par des forts et par plus de 300,000 hommes, comprenant :

110 bataillons de garde nationale et 150,000 mobiles, les uns et les autres, les premiers surtout, d'un faible secours ;

25,000 marins, gendarmes, douaniers, etc. ;

50,000 hommes de troupes régulières.

Ces derniers, sous Ducrot, sont répartis en deux corps : le 13e (Vinoy) qui, envoyé au secours de Mac-Mahon, a pu, après Sedan, se replier de Mézières sur Laon, et le 14e (Renault).

INVESTISSEMENT DE PARIS

Châtillon (19 septembre). La IIIe armée ayant passé la Seine à Villeneuve-Saint-Georges, Ducrot a la mission de tomber sur son flanc droit, pendant la marche qu'elle va exécuter par la vallée de la Bièvre et le plateau de Châtillon pour aller prendre ses positions d'investissement de la rive gauche.

Ducrot, avec le 14e corps, occupe le plateau de Châtillon et attaque l'ennemi en deux colonnes. Il se heurte au Ve prussien et au IIe bavarois. La panique se met dans sa colonne de droite (zouaves) et il se retire alors sur Clamart et Fontenay, protégé par sa cavalerie et son artillerie. Il a eu 800 tués ou blessés et perdu 300 prisonniers.

Le soir du 19 septembre, l'investissement est un fait accompli : les deux armées allemandes se rejoignent, six corps d'armée enserrent Paris dans un cercle de 21 lieues.

La IVe armée s'étend au nord de la Seine, de Saint-Germain à la Marne, la IIIe armée au sud, de Bougival à Choisy-le-Roi. La division wurtembergeoise, entre Seine et Marne, relie les deux armées.

En octobre, les forces allemandes s'élèvent de 150,000 à 250,000 hommes. Elles atteindront ensuite 280,000 hommes.

LES PETITES OPÉRATIONS DU DÉBUT

Après Châtillon, le 13e corps s'établit au sud de Paris et dans la plaine de Vincennes, à l'est ; le 14e, en avant du front ouest, couvert par le Mont Valérien, sur la rive droite de la Seine ; les mobiles occupent le front nord.

Trochu, pour aguerrir ses troupes, tente plusieurs petites opérations :

Villejuif (22-23 septembre). Le 13e corps se porte au sud, contre les positions que nous avons abandonnées aux Allemands. Il reprend, le 22 septembre, Villejuif et le Moulin-Saquet et, le 23 au matin, les Hautes-Bruyères.

Chevilly (30 septembre). Le même corps, avec Choisy-le-Roi comme objectif, s'avance à l'attaque de l'Hay, de Chevilly et de Thiais. Mais ces positions retranchées, défendues par le VIIe prussien, ne peuvent être enlevées. Engagé de grand matin, par l'artillerie du front sud, le combat prend fin à 9 heures ; il nous coûte 2,000 hommes.

Châtillon (13 octobre). Vinoy, avec 25,000 hommes, exécute une reconnaissance en abordant simultanément Bagneux, Châtillon et Clamart occupés par le IIe bavarois. Il parvient seulement à s'établir dans Clamart qu'il abandonne, quand son but, qui est de se rendre compte des forces ennemies, est atteint.

LA MALMAISON (21 octobre)
ET LE BOURGET (30 octobre)

Trochu, ayant projeté de percer sur Rouen, avec son armée, par la rive droite de la Seine, charge Ducrot de se porter avec 10,000 hommes du 14e corps contre le Ve prussien établi au sud de la presqu'île de Gennevilliers qu'il barre avec une double ligne de retranchements. Il était en effet à craindre que, lors du mouvement de Trochu, ce corps ne tombât sur le flanc droit des Français.

La Malmaison (21 octobre). Ducrot force la première ligne de l'ennemi, à la Malmaison, mais échoue contre la deuxième, à Bougival et à Vaucresson. La lutte, commencée par le canon du Mont Valérien, dure de 1 heure à 6 heures contre une seule brigade prussienne.

Après la Malmaison, les Allemands établissent une troisième ligne de retranchements, de Louveciennes à la Butte de Picardie.

Le Bourget (30 octobre). Les francs-tireurs de la Presse s'étaient, par surprise, le 28 octobre, emparés du Bourget en avant du front nord, sur la garde prussienne. Une brigade de celle-ci reprend le village, malgré l'héroïque résistance des francs-tireurs, de deux bataillons de mobiles et du 28e de marche.

L'attaque avait été préparée la veille par trente bouches à feu. Les Prussiens inaugurent au Bourget une nouvelle formation de combat en ordre dispersé.

A la nouvelle de la prise du Bourget, de la reddition de Metz, des négociations engagées par Thiers avec l'ennemi, éclate, à Paris, l'émeute du 31 octobre, au cours de laquelle Flanry délivre les membres du Gouvernement enfermés à l'Hôtel de ville.

OPÉRATIONS SOUS PARIS (Suite.)

LES GRANDES TENTATIVES DE L'ARMÉE DE PARIS

Champigny-Villiers (30 novembre et 2 décembre).

Trochu, en novembre, songe à prendre une offensive énergique. Trois armées sont organisées, la 1re sous Clément-Thomas (130,000 gardes nationaux) chargée de l'enceinte et du service dans Paris; la 2e sous Ducrot (100,000 hommes) comprenant trois corps (1er Blanchard, 2e Renaud, 3e d'Exéa) et formée des anciens 13e et 14e corps et de troupes relativement solides, destinée aux grandes opérations; la 3e sous Vinoy (70,000 mobiles) chargée des opérations secondaires.

Après Coulmiers, Trochu veut percer au sud-est; la 2e armée passera la Marne à Joinville, marchera sur Nogent-sur-Seine pour donner la main à l'armée de la Loire qui s'avancera elle-même sur Fontainebleau.

Champigny-Villiers (30 novembre et 2 décembre). Le 29 novembre, pour tromper l'ennemi, Vinoy l'attaque vers Choisy-le-Roi, tandis que l'amiral Saisset (de la 3e armée) occupe fortement le Mont-Avron. Ducrot débouche sur le plateau de Vincennes, mais la violence du courant de la Marne à Joinville ne lui permet de franchir la rivière que le 30 novembre, quand les Allemands ont deviné ses projets. La division wurtembergeoise, placée entre la Marne et la Seine, et une division saxonne, qui l'a renforcée, sont retranchées à Villiers et à Cœuilly.

Le 1er corps s'empare bien de Champigny, mais échoue contre le plateau et le parc fortifié de Cœuilly et se replie sur Champigny. Le 2e tente, sans succès et à plusieurs reprises, l'attaque du parc aussi fortifié de Villiers. Le 3e perd du temps, ne passe la Marne qu'à 3 heures 1/2, marche sur Bry, au lieu de se diriger sur Noisy-le-Grand pour tourner Villiers, au parc duquel il vient alors se heurter. A 6 heures, le combat finit.

Nous couchons sur nos positions, à Bry et à Champigny, en face des Allemands. Le 1er décembre, un armistice arrête les opérations.

Le 2 décembre, Fransecky, commandant des forces allemandes entre Marne et Seine, et le XIIe saxon attaquent furieusement Ducrot; mais celui-ci, qui s'est fortifié, résiste à Champigny et à Bry, et prend même l'offensive sans pouvoir, toutefois, emporter Villiers.

Aussi, le 3 décembre, regagne-t-il la rive droite de la Marne; il a perdu 6,000 hommes.

Deuxième combat du Bourget (21 décembre).

Après Champigny, la 2e armée est refondue en deux corps: 1er de Maussion, 2e d'Exéa. Trochu forme le projet de forcer avec cette armée les lignes d'investissement au nord. Pour préparer sa sortie en masse, il fait construire des retranchements entre Bondy et la Courneuve.

Le Bourget (21 décembre). Ducrot s'avance dans la plaine de Saint-Denis, flanqué à droite par Vinoy qui doit suivre la Marne, à gauche par le corps de La Roncière (de la 3e armée) qui a pour objectif Le Bourget.

Une division de La Roncière échoue complètement contre cette localité défendue par six, puis par quinze compagnies.

Aussi, malgré le succès de Vinoy à Ville-Évrard, Trochu ordonne-t-il à Ducrot, qui s'était déjà porté au secours de La Roncière, d'arrêter son mouvement.

Après l'action, l'armée reste en position dans la plaine d'Aubervilliers et de Drancy. Elle élève des retranchements dans le but de s'emparer du Bourget, puis, enfin, le 26 décembre, rentre à Paris.

LE BOMBARDEMENT — BUZENVAL (19 janvier)

Ne pouvant se frayer un passage de vive force, Trochu recourt aux travaux d'approche, contre les lignes allemandes. Des retranchements s'étendent bientôt, de Villejuif à la Seine, au sud; de Drancy au fort de l'Est, au nord. Mais, à la fin de décembre, les Allemands, possédant le matériel nécessaire, commencent le bombardement.

Le 27 décembre, ils le dirigent contre la forte position du **Mont-Avron**, à l'est de Paris, qui les gênait beaucoup et que nous abandonnons le 29.

Du 5 au 26 janvier, le front sud (Issy, Vanves, Montrouge), le front Est et la ville elle-même sont bombardés à leur tour.

Buzenval (19 janvier). Pour satisfaire l'opinion publique, Trochu organise une sortie en masse contre les lignes de défense, occupées par le Ve prussien, qui barrent la presqu'île de Gennevilliers. 90,000 hommes, dont 45,000 gardes nationaux, s'avancent en trois colonnes, soutenus par le canon du mont Valérien.

La colonne de gauche (Vinoy) entre seule en ligne à temps, vers 7 heures, s'empare de Montretout et de la partie nord de Saint-Cloud. Celle du centre (Bellemare) pénètre à Garches et dans le parc de Buzenval. Enfin, à droite, Ducrot, en raison de l'encombrement des routes, ne peut entrer en ligne que vers 10 heures. Ses brigades viennent se briser contre le parc de Longboyau, impuissantes à en forcer le mur. A 3 heures et demie les Allemands nous attaquent à leur tour. S'ils ne peuvent reprendre les positions conquises par nous, du moins nous sommes épuisés et la panique se met dans nos rangs. A 6 heures et demie nous battons en retraite.

FIN DU SIÈGE ET DE LA GUERRE

Après Buzenval, destitution de Trochu que Vinoy remplace, et émeute du 22 janvier.

Le 18 janvier, le roi de Prusse avait été proclamé empereur d'Allemagne à Versailles.

Armistice du 28 janvier. Paris paie 200 millions; son armée est prisonnière de guerre, les forts sont livrés à l'ennemi. Toutefois, la garde nationale n'est pas désarmée.

Le 1er mars, l'Assemblée nationale ratifie les préliminaires de paix.

En mars, éclate à Paris l'insurrection de **La Commune**. L'armée française reconstituée à Versailles (Mac-Mahon) doit faire un nouveau siège de Paris (2 avril-21 mai) et soutenir dans les rues un combat de sept jours (21-28 mai).

Paix de Francfort (10 mai). La France perd l'Alsace, moins Belfort, le cinquième de la Lorraine, Thionville et Metz, et paie 5 milliards.

PRÉLIMINAIRES, DISPOSITIONS ET PLANS DES BELLIGÉRANTS

Soulèvement de l'Herzégovine et de la Bosnie contre les Turcs (1875); agitations et **massacres de Bulgarie** (1876).

A la suite de ces événements, la Serbie et le Monténégro entrent en **guerre avec la Turquie** (1876). La Serbie allait succomber, quand la Russie leur fait accorder un armistice (1er novembre 1876).

A la **conférence de Constantinople** (décembre 1876-janvier 1877), l'Europe ne peut obtenir pour les chrétiens, sujets ottomans, un régime acceptable. La Russie déclare la guerre à la Turquie (24 avril 1877).

Le Monténégro se joint à elle. Au début, la Roumanie et la Serbie réservent leur attitude.

Forces et plan des Russes. Ils ont : 1° une armée du Danube en Bessarabie, soit 240,000 hommes en 7 corps et 600 canons (Grand-duc Nicolas);

2° Une armée de réserve sur les côtes : 60,000 hommes en 2 corps ;

3° L'armée monténégrine : 25,000 hommes ;

4° Une armée d'Asie, dans le Transcaucase : 220,000 hommes (Grand-duc Michel).

Leur plan est de s'asseoir solidement sur le Danube, de masquer les forteresses turques, puis de livrer en rase campagne une grande bataille rangée, d'occuper rapidement les Balkans, pour marcher sur Andrinople et ensuite sur Constantinople. Les opérations en Asie serviront de diversion.

Forces et plan des Turcs. — Ils ont :

1° une armée du Danube, s'étendant de la Dobroudscha, à droite, jusqu'à Widdin, à gauche, comprenant 150,000 hommes en 6 corps et 400 canons (Abdul-Kérim). Son centre occupe le quadrilatère bulgare (places fortes de Roustchouk, Silistrie, Varna, Choumla) ;

2° Deux corps occupent l'Albanie et la Bosnie : 110,000 hommes ;

3° 30,000 hommes sont dirigés contre le Monténégro ;

4° 100,000 hommes sont en Asie-Mineure, vers Kars.

De plus, une flottille turque est maîtresse du cours du Danube.

Le plan des Turcs est de garder d'abord la défensive sur le Danube, puis, si l'ennemi réussit à franchir le fleuve, de tomber sur son flanc, en débouchant, soit de Widdin, soit du quadrilatère bulgare.

LES RUSSES EN ROUMANIE, PASSAGE DU DANUBE.

Le 24 avril, l'armée russe du Danube, pénètre sans obstacle de Bessarabie en Roumanie. Elle marche sur Bucharest, en 2 colonnes principales, protégée à droite par deux divisions de cavalerie, à gauche par un corps qui va occuper Galatz et Braïla (rive droite du Danube).

Vers le 20 juin, l'armée, couverte par la cavalerie, est concentrée vis-à-vis et à deux journées de marche au nord des places de Nicopolis, Sistova, Roustchouk, Silistrie.

Les Roumains (2 corps : 40,000 hommes) qui n'ont pas encore pris un parti, se retirent d'abord au nord de Widdin.

Bientôt ils s'allieront à la Russie.

Dès la fin de mai, les monitors de la flottille du Danube ont été chassés ou détruits par l'artillerie et les torpilleurs russes.

Le 22 juin, a lieu le **passage du Danube à Braïla** par le corps russe de gauche. Devant lui, les **Turcs** évacuent la Dobroudscha, qu'il occupe et où il sera ensuite rejoint par un second corps.

Le 27, grâce à des préparatifs minutieux et secrets et à une démonstration à l'est de Nicopolis, le gros de l'armée commence le **passage du Danube à Zimnitza,** en dépit de la profondeur du fleuve (800 mètres en cet endroit), et malgré le feu d'une batterie établie sur la rive droite à Sistova et celui des tirailleurs turcs. Le 30, l'opération était terminée.

PASSAGE DES BALKANS. SES CONSÉQUENCES

Raid du général Gourko. Ce général, avec une avant-garde de 16,000 hommes, dont 4,000 cavaliers, profitant de l'inaction des Turcs, précède l'armée russe en Bulgarie.

Le VIIIe corps le suit. Gourko s'empare de Tirnova et traverse les Balkans par des sentiers abrupts, à l'est du col de Schipka. Il se présente ensuite au sud de ce col, occupé par les Turcs et s'en empare, de concert avec le VIIIe corps qui se présente au nord (19 juillet).

Pendant ce temps, le czarewich détaché avec 2 corps sur la Jantra, puis sur le Lom, protège le flanc gauche des Russes menacé par la place de Roustchouk.

Le IXe corps, par la **prise de Nicopolis** (16 juillet), assure la sécurité de leur flanc droit.

A la suite de ces événements, Méhémet-Ali remplace Abdul-Kérim comme généralissime.

Les opérations vont avoir lieu, dès lors, dans trois directions :

1° Vers Plewna. Osman-Pacha, grâce à l'inertie des Roumains devant Widdin, a pu, après le passage du Danube par les Russes, se porter avec ses 40,000 hommes de la gauche turque, sur Plewna, ville ouverte, mais nœud des routes de la Bulgarie, et position d'où il menaçait le flanc droit de l'ennemi ;

2° Vers le Lom. Méhémet-Ali voulant disputer le terrain aux corps russes arrivés sur le Lom, concentre vers Rasgrad les 100,000 Turcs qui occupent le quadrilatère ;

3° Vers Schipka. Suleyman-Pacha, rappelé du Monténégro avec ses troupes, rejoint celles qui se trouvent au sud des Balkans. Il pourra prendre l'offensive avec 50,000 hommes.

Les armées turques agiront d'une façon décousue et sans se prêter un mutuel appui.

OPÉRATIONS DEVANT PLEWNA

Le **1er assaut de Plewna** occupée et fortifiée par l'avant-garde d'Osman-Pacha (10,000 hommes) coûte 2,000 hommes au IXe corps qui venait de Nicopolis (20 juillet).

Le **2e assaut de Plewna** (30 juillet), bien que préparé par un feu d'artillerie de 6 heures, coûte encore 7,000 hommes au même IXe corps, qui, renforcé par des détachements du gros de l'armée russe, a lutté contre Osman-Pacha. Arrivé dans la place avec toutes ses forces, ce dernier avait continué à la fortifier.

Ces insuccès déterminent l'envoi en Bulgarie de 4 nouveaux corps russes. Les Roumains se décident à agir sérieusement. 4 corps (80,000 hommes), dont un roumain, assiègent Plewna, dont les défenseurs, sans cesse secourus, s'étendent dans les localités qui entourent la ville et occupent 14 fortes redoutes.

Osman-Pacha, le 31 août, tente une diversion vers le sud-est, sur Pelischat. Il est repoussé après 8 attaques.

3e assaut de Plewna (11 septembre). La lutte, préparée par la prise de Lovtcha au sud de la ville (Skobelef, 3 septembre) et par 4 jours de bombardement, dure jusqu'au 17 septembre.

Le 11, une colonne roumaine éprouve à droite trois échecs successifs contre la redoute de Grivitza, dont une colonne, formée en grande partie de Russes, finit par s'emparer.

Au centre, les Russes tentent trois attaques infructueuses contre la redoute du milieu.

A gauche, Skobelef exécutant un mouvement tournant, conquiert au prix d'énormes pertes trois redoutes qui menacent les derrières d'Osman-Pacha. Mais le 12, les Turcs les lui arrachent après 6 assauts.

Les Russes et les Roumains avaient perdu 15,000 hommes. La redoute de Grivitza, seule, leur restait.

Les alliés recourent alors aux travaux d'approche et aux cheminements. Totleben les dirige. Ils investissent complètement Plewna, établissant autour d'elle une véritable circonvallation : Gourko opère au sud ; les Roumains, au nord.

Sortie d'Osman-Pacha (10 décembre). Non secouru, manquant de vivres, Osman veut percer vers le nord-ouest, sur Widdin.

Ayant traversé le Vid avec 20,000 hommes, il enlève les premières positions russes. Mais il est blessé et les réserves ennemies reprennent les ouvrages conquis. Les Russes pénétrent dans le camp retranché des Turcs. Osman se rend avec son armée.

OPÉRATIONS VERS LE LOM. OPÉRATIONS VERS SCHIPKA.

I. Vers le Lom.

En septembre, Méhémet-Ali, laissant la moitié de ses forces face au nord, entre le Danube et la mer Noire, pour observer les corps russes de la Dobroudscha, prend l'offensive avec le reste, contre le czarewich. Celui-ci dispose alors de 3 corps.

Les Russes sont, à la suite du **combat de Katsélévo et d'Ablovo** (5 septembre), obligés d'abandonner les rives du Lom et de se retirer vers la Jantra.

Cherchant à tourner l'aile droite du czarewich, pour percer sur Tirnova ; Méhémet est battu à **Tserkovna** (21 septembre) et les Russes reprennent les positions qu'ils occupaient quelques semaines auparavant.

Au début d'octobre, Suleyman-pacha remplace comme généralissime Méhémet disgracié.

II. Vers Schipka.

A la fin de juillet, après avoir essayé plusieurs échecs, Suleyman avait obligé Gourko à repasser les Balkans. Mais, toutes ses tentatives contre le col de Schipka, qui reste occupé par 20,000 Russes, échouent (furieux assauts livrés du 21 au 27 août et le 17 septembre).

OPÉRATIONS APRÈS LA PRISE DE PLEWNA, THÉÂTRES SECONDAIRES

Plewna prise, une offensive générale des armées russes est ordonnée.

A l'extrême droite, Gourko franchit les Balkans au nord-est de Sophia, tandis que les Serbes (50,000 hommes), déclarant la guerre aux Turcs, prennent cette ville à revers. Les Russes entrent à **Sophia** (4 janvier 1878).

Pendant que le grand-duc Nicolas marche en arrière avec de fortes réserves, les corps russes du centre abordent les Balkans. Le col de Schipka est forcé. 25,000 Turcs mettent bas les armes (9 janvier). Le centre donne la main à la droite de l'armée.

La droite du czarewich suit le mouvement général tandis que Suleyman-pacha se porte sur Philippopoli, pour couvrir Andrinople.

Tournée par Skobelef, coupée par lui d'Andrinople, l'armée de Suleyman cherche à percer. Elle est taillée en pièces à l'est de Philippopoli (15 janvier). Le Russes sont maîtres de cette ville le 16.

Entrée des Russes à Andrinople (20 janvier).

Les belligérants signent un armistice le 31 janvier.

A signaler sur les théâtres secondaires, en Europe : le bombardement de Kustendjé, qu'occupaient les Russes, par l'escadre turque de la mer Noire (août 1877) et les succès des Monténégrins, qui, après la retraite de Suleyman-pacha, se répandent sur le territoire turc.

D'autre part, le lendemain de l'armistice, les Grecs envahissent la Thessalie.

En Asie, les Russes avaient pénétré en Arménie. Obligés de rentrer sur leur territoire, ils ont à réprimer l'insurrection du Caucase.

En octobre 1877, ils reprennent l'offensive, sont vainqueurs à **Aladja-Dagh** (octobre), puis à **Dévéboyoun** (novembre), assiègent et prennent **Kars** (novembre). Lors de l'armistice, ils menaçaient Erzeroum.

Traités de San-Stéfano (3 mars) et de **Berlin** (13 juillet 1878). Les Russes s'étendent dans la Turquie d'Asie. Le Monténégro, la Serbie et la Roumanie s'accroissent et deviennent indépendants. La Bulgarie devient principauté autonome tributaire de La Porte. La Bosnie et l'Herzégovine sont occupées par l'Autriche, qui les conservera plus tard. Les Turcs ont à payer 300 millions de roubles.

GUERRE SERBO-BULGARE (1885)

PRÉLIMINAIRES
DÉBUTS DE LA GUERRE

En septembre 1885, la Roumélie orientale, province turque autonome (traité de Berlin, 1878), se déclare unie à la Bulgarie (insurrection de Philippopoli).

La Serbie (royaume depuis 1882) et la Grèce demandent des compensations ; la Turquie mobilise, les puissances réunissent la **Conférence de Constantinople**.

Enfin, malgré les protestations de la Porte, une armée serbe (30,000 hommes en 4 divisions) formée, en octobre, sur la Nisava envahit la Bulgarie (14 novembre) et se dirige sur Sophia.

Les Bulgares avaient réuni leurs forces en deux groupes, l'un à l'est du pays (36,000 hommes) ayant son centre de gravité vers Selimeni, l'autre à l'ouest (33,000 hommes) ayant son centre de gravité vers Slivnitza. Des bataillons rouméliotes observaient la frontière turque.

La guerre déclarée, le prince ALEXANDRE de Battenberg qui ne s'était pas attendu à une agression de la part de la Serbie, indique à ses deux groupes Sophia comme point de concentration, puis, l'ennemi perdant du temps, la position de Slivnitza.

BATAILLE DE SLIVNITZA
(17-19 novembre 1885).

La position trop étendue est organisée défensivement sur son front seulement. Toutes les forces des Bulgares ne sont pas arrivées, le 17. Les Serbes dont le plan général est de tenter un mouvement enveloppant sur la droite de l'ennemi, se présentent ce jour-là avec leurs divisions éparpillées. ALEXANDRE, se jugeant trop faible, voulait différer son offensive, mais son aile droite attaque. Le soir, il abandonne les positions conquises par cette aile.

Le 18, le roi MILAN de Serbie, qui a cru à tort ses flancs menacés par des forces considérables, a ordonné la concentration de son armée sur une position de défense plus au nord-ouest, mais ses ordres ne sont pas parvenus : Offensive décousue des Serbes, résistance énergique des Bulgares dont l'aile droite s'empare du Meta-Crev.

Le 19, les Serbes sont empêchés d'exécuter l'ordre donné la veille par une nouvelle offensive victorieuse de la droite bulgare. Celle-ci enlève d'assaut les hauteurs occupées par la division serbe de gauche, division qui devait servir de pivot, lors de l'exécution de la retraite. Le centre bulgare est entraîné au combat offensif et repousse une contre-attaque d'une division serbe.

ÉVÉNEMENTS
QUI SUIVENT LA BATAILLE DE SLIVNITZA

Retraite des Serbes ; les Bulgares les atteignent à **Caribrod** (23-24 novembre), puis, en Serbie, à **Pirot** (26-27 novembre).

Menacé par l'Autriche qui patronne la Serbie, tandis que la Russie soutient la Bulgarie, ALEXANDRE consent à un armistice.

Traité de Bucharest (2 mars 1886), entre la Bulgarie, la Serbie et la Turquie : Rétablissement pur et simple de la paix.

Le 5 avril 1886, ALEXANDRE est reconnu par les puissances comme « gouverneur de la Roumélie orientale ». Son abdication en 1886, les protestations des puissances n'ont pas empêché la Roumélie de continuer à ne former qu'un seul État avec la Bulgarie.

GUERRE SINO-JAPONAISE (1894-1895)

PRÉLIMINAIRES. OPÉRATIONS DES TROIS ARMÉES ET DE LA FLOTTE JAPONAISE

De temps immémorial, la Chine et le Japon se disputaient la suzeraineté de la Corée.

En 1894, une insurrection amène dans ce pays, à la demande de son roi, 2,000 Chinois. Le débarquement à Tchemoulpo (juin 1894) de 6,000 Japonais a pour conséquences l'arrivée en Corée de nouvelles troupes chinoises et le combat de **Seik-wan** (juillet), succès des Japonais sur les Chinois.

La Iʳᵉ armée japonaise (YAMAGATA, 22,000 hommes), débarquée à Fusan et à Gensan, bat à **Ping-Yang** (septembre) l'armée de Mandchourie (30,000 hommes) entrée en Corée. Les Chinois qui ont eu 14,000 tués, blessés ou prisonniers évacuent la Corée. La victoire de **Kiu-Lien-Cheng** (octobre) ouvre la Mandchourie à la Iʳᵉ armée.

Pendant ce temps, la flotte japonaise (Iro) gagne sur la flotte chinoise la bataille du **Yalu** (septembre).

La IIᵉ armée japonaise (OYAMA, 36,500 hommes) débarque à la fin d'octobre à Kwan-Kao, dans la presqu'île de Kuang-Tung, et, après une bataille de plusieurs jours (18-21 septembre) sous **Port-Arthur**, prend d'assaut cette place forte défendue par 15,000 hommes.

La IIIᵉ armée de réserve (OYAMA venu de la IIᵉ armée — environ 18,000 hommes) débarque en janvier 1895 dans la presqu'île de Shantung (prise de **Teng-Tchéou-Fou**). Elle agit de concert avec la flotte d'Iro : les forts de **Wei-Hai-Wei**, cette place elle-même (30 janvier-2 février) et les débris de la flotte chinoise (17 février) réfugiés dans son port tombent au pouvoir des Japonais.

OPÉRATIONS COMBINÉES DES DEUX PREMIÈRES ARMÉES JAPONAISES. — DERNIÈRES OPÉRATIONS DE LA FLOTTE

La Iʳᵉ armée japonaise est, après **Kiu-Lien-Cheng**, entrée en Mandchourie, où se trouve rassemblée une cohue de 300,000 Chinois. Elle marche sur Mukden, mais elle est arrêtée, en novembre, par l'hiver et les difficultés d'un pays montagneux. En décembre, NODZU, successeur de YAMAGATA, marche sur **Hai-Tcheng** dont il s'empare et qu'il conserve malgré quatre retours offensifs des Chinois (janvier-février). Il prend ensuite **Niu-Tschuang** (mars).

D'autre part, une division de la IIᵉ armée marche sur **Kaiping** dont elle s'empare (janvier) et où elle repousse les Chinois (février).

Réunies, les deux armées remportent la victoire de **Chenshotai** (mars). Leur offensive leur donne la Mandchourie jusqu'au Liao-Ho.

Le 30 mars, suspension des hostilités sur terre.

Tandis qu'une escadre japonaise bombarde **Hang-Tchou** (mars) sur la côte du Tsche-Kiang, la flotte d'Iro s'empare des îles **Pescadores** (mars), base des opérations ultérieures contre **Formose**, que les Japonais seront obligés de conquérir (août) après que cette île leur aura été cédée.

Traité de Shimonoseki (avril 1896). La Chine paie 825 millions et cède d'abord au Japon Formose, les Pescadores et la presqu'île de Liao-Tung avec Port-Arthur.

Cependant, la Chine, grâce à l'intervention de la France, de l'Allemagne et de la Russie, peut racheter cette presqu'île.

CAMPAGNE DES ITALIENS EN ABYSSINIE (1895-1896)

Dès 1885, les Italiens s'étaient établis en Érythrée, à Massaouah. Leurs empiètements dans le Tigré les avaient amenés à lutter contre les Abyssins. En 1889, ils avaient signé avec le négus MÉNÉLIK le traité d'Ucciali.

De nouveaux empiètements des Italiens, leurs intrigues auprès des *ras* révoltés contre le négus, amènent de nouvelles hostilités en 1895.

Vainqueurs dans le Tigré, ils occupent Adigrat, Makallé et Adoua. C'est alors que MÉNÉLIK lui-même entre en ligne avec les forces du Choa (en tout 150,000 hommes).

Amba-Alaghi (décembre 1895). Défaite d'un détachement italien par le ras MAKONNEN devant lequel capitule la place de Makallé (janvier 1896).

Adoua (1ᵉʳ mars 1896). Le général BARATIERI (18,000 hommes) est complètement défait (5,000 tués, 2,000 hommes et 70 canons pris) sur un terrain difficile, par l'armée abyssine, qui a pris l'offensive. Il évacue Adigrat et gagne péniblement l'Érythrée.

Traité d'Addis-Ababa (1896). L'Italie reconnaît la complète indépendance de l'Éthiopie et renonce à s'agrandir dans le Tigré.

PRÉLIMINAIRES
PREMIÈRES HOSTILITÉS

Cause : Lors de la guerre Serbo - Bulgare (1885), les Grecs, qui avaient déjà obtenu une rectification de frontières en 1881, en avaient réclamé une nouvelle. Il avait fallu l'intervention des puissances (démonstration dans la baie de la Sude, 1886) pour les obliger à désarmer.

Ils convoitent toujours l'Épire, la Macédoine et la Crète, quand éclate l'insurrection de la Crète (février 1897). A la suite de l'incendie de La Canée par les Turcs, les six grandes puissances (France, Russie, Allemagne, Autriche, Italie, Angleterre) débarquent des troupes dans le nord de l'île, tandis que, malgré elles, les Grecs s'installent au sud. D'autre part, des bandes d'irréguliers helléens pénètrent en Macédoine (mars et avril).

OPÉRATIONS EN THESSALIE

Avant même la déclaration de guerre, des troupes du prince Constantin (30,000 hommes environ, quartier général à Larissa) pénètrent sur le territoire turc. Les Grecs s'emparent des défilés des monts Volutza au nord de la Thessalie.

Prenant l'offensive, Edhem-Pacha (40,000 hommes), venant de Macédoine, force, tout en maintenant l'ennemi de front, la passe de Mélona (20-22 avril).

Bataille de Mati (22-24 avril). 5,000 Grecs tentent d'arrêter à Mati le gros des forces turques, tandis que le reste de l'armée lutte à Révéni : Combat d'artillerie dont les conséquences sont l'entrée des Turcs à Tournavos et l'abandon de Larissa par les Grecs (24 avril).

20,000 Grecs se concentrent sur la position de Pharsale. A leur droite, le colonel Smolenski occupe le défilé de Vélestinos. Edhem-Pacha cherche à tourner l'ennemi au moyen d'une conversion à gauche.

Après un simulacre de résistance à Pharsale (5 mai), Constantin se retire sur Domokos. Smolenski, ainsi découvert, abandonne Vélestinos où il a lutté énergiquement (29 avril-6 mai).

Edhem-Pacha fait occuper Volo (8 mai) ; la flotte grecque se retire sans combattre). Puis une tentative de médiation des puissances (retrait des troupes grecques de Crète) ayant échoué, il vient battre à Domokos (17 mai) les Grecs qui se replient jusqu'aux Thermopyles.

Armistice du 20 mai.

OPÉRATIONS EN ÉPIRE
LA PAIX

Tandis que l'on combattait en Thessalie, on se battait aussi en Épire.

Les Turcs avaient environ 26,000 hommes dans cette province. 25,000 Grecs, réunis à la frontière épirote, la franchissent (20 avril) après le bombardement de **Preveza** par leur flotte : Janina est leur objectif. Leur avantgarde est battue à **Penté-Pigadia** (24 avril).

Bataille de Grébovo (13-14 mai). Concentrés d'abord à Arta, pour une nouvelle offensive, les Grecs remportent le 13 mai quelques succès, mais échouent contre les hauteurs de Grébovo. Le 14, ils sont rejetés sur Arta.

Traité de Constantinople (4 décembre). La frontière thessalienne était quelque peu modifiée au profit des Turcs, à qui les Grecs payaient une indemnité.

En Crète, les troubles continueront jusqu'en décembre 1898, époque à laquelle l'autonomie de l'île sera affirmée et le prince Georges de Grèce nommé gouverneur général au nom des puissances.

PRÉLIMINAIRES. DISPOSITIONS DES BELLIGÉRANTS

Cause : Les États-Unis allèguent le tort que porte à leurs intérêts l'insurrection de Cuba (nombreux abus) soulevée depuis 1895 contre les Espagnols, et accusent ces derniers de l'explosion du cuirassé *Le Maine*.

L'Espagne offre inutilement un armistice aux Cubains (1898) et se trouve en guerre avec les États-Unis (fin d'avril 1898).

La flotte américaine est concentrée à Key-West et sur la côte est des États-Unis : l'amiral Sampson doit bloquer Cuba. D'autre part, l'escadre du Pacifique (amiral Dewey) a pour objectif Manille, capitale des Philippines.

L'Espagne qui a 135,000 hommes à Cuba, avec quelques vaisseaux à La Havane, 12,000 hommes et de vieux navires aux Philippines, attend les événements.

OPÉRATIONS AUX ANTILLES

I. A Cuba. — Les Américains bloquent Cuba et bombardent **Matanzas** (avril), **Cienfuegos** et **Puerto-Principe** (mai).

Tandis que les insurgés cubains attaquent les villes espagnoles, une flotte espagnole, partie du cap Saint-Vincent (amiral Cervera), traverse l'escadre américaine pour venir s'enfermer dans la rade de Santiago-de-Cuba, où Sampson la bloque.

Santiago-de-Cuba était défendu du côté de la terre par de sérieux retranchements et par 40,000 Espagnols, dont 20,000 dans la ville même et le reste à l'est et à l'ouest. Santiago est bombardée trois fois (31 mai-16 juin) par Sampson qui obstrue le goulet de la rade. Le gros d'un corps américain (général Shafter, 15,000 hommes) débarque facilement (22 juin) à Punte-Iaccaro, à l'est de Santiago, à l'extrémité du flanc gauche des Espagnols et avec l'aide des insurgés de Garcia (6,000 hommes) qui, dès lors, opéreront avec les Américains. Santiago est attaquée par terre et par mer et complètement investie. (Bataille de **San Juan de Santiago** (1er juillet).) La flotte de Cervera qui tente de s'échapper est anéantie (3 juillet). Enfin la ville elle-même capitule (17 juillet).

Ces désastres arrêtent la marche d'une escadre de réserve espagnole arrivée à Suez.

II. A Porto-Rico. — La flotte américaine avait bombardé **San-Juan** (mai). A la fin de juillet, un corps américain de débarquement (général Miles) s'empare de plusieurs villes. Il marchait sur San-Juan, lors de la cessation des hostilités.

OPÉRATIONS AUX PHILIPPINES
LA PAIX

Dewey anéantit à **Cavite** (1er mai) l'escadre des Philippines. Les indigènes, déjà révoltés de 1896 à 1897, s'emparent des postes espagnols. **Manille** bloquée par Dewey après Cavite, assiégée par le Philippin Aguinaldo et par un corps américain, capitule (13 août).

Traité de Paris (12 décembre). L'Espagne reconnaît l'indépendance de Cuba, cède aux États-Unis Porto-Rico et les Philippines. Elle perd ainsi dix millions d'âmes et signe sa déchéance coloniale.

CAMPAGNE DU TONKIN
(1883-1885)

GARNIER ET RIVIÈRE

En 1873, à la suite de vexations subies par les négociants français dans la région du Fleuve Rouge, **le commandant Garnier** s'empare d'Hanoï et soumet le Delta tonkinois. Tout le Tonkin secoue le joug annamite. Tu-Duc appelle alors les Pavillons-Noirs (débris de l'insurrection chinoise des Taï-Pings). **Garnier** est tué sous Hanoï.

Par le **traité de Saigon** (1874), la France reconnaît l'indépendance de l'Annam, mais Tu-Duc place le Tonkin sous notre protectorat.

Les Pavillons-Noirs commettent mille cruautés au Tonkin, où Tu-Duc appelle les réguliers chinois sous prétexte de les châtier, en réalité pour avoir leur appui contre les étrangers auxquels le Fleuve-Rouge reste fermé.

Cet état de choses amène **l'expédition du commandant Rivière** (1882-1883). **Rivière** prend Hanoï, enlève **Nam-Dinh** aux Pavillons-Noirs qui s'en étaient emparés et est tué par eux sous Hanoï.

LA CAMPAGNE, LA PACIFICATION

L'amiral **Courbet** ayant forcé l'entrée de la rivière de Hué, le gouvernement annamite signe le **traité de Hué** (août 1883) qui établit le protectorat de la France sur l'Annam et sur le Tonkin.

La lutte continue contre les Chinois : **Courbet** prend d'assaut **Son-Tay** (décembre 1883) ; **Millot**, général en chef (2 brigades : De **Négrier** et **Brière de l'Isle**), s'empare de **Bac-Ninh**, de **Hong-Hoa**, de **Tuyen-Quan** (mars-avril 1884).

1er Traité de Tien-Tsin (mai 1884). La Chine accepte les clauses du traité de Hué.

La guerre recommence après l'affaire de **Bac-Lé** (juin 1884), attaque par les Chinois d'un détachement marchant sur Lang-Son : **Courbet** bombarde **Fou-Tchéou** et y brûle la flotte chinoise (août 1884).

Victoires de **Négrier** à **Kep** (octobre) et de **Brière de l'Isle**, général en chef, à **Lang-Son** (février 1885).

Tuyen-Quan assiégée par les Chinois depuis octobre 1884 (défense du commandant **Dominé** — le sergent **Bobillot**) est délivrée (mars) par la brigade **Giovanninelli** détachée de Lang-Son.

Retraite de Lang-Son (février-mars). Restée seule à Lang-Son, la brigade de **Négrier** doit, devant des forces très supérieures, battre en retraite précipitamment, abandonnant des canons (après une opération sur Bang-Bo et une offensive des Chinois sur Ki-Lua).

Tentative de **Courbet** contre **Formose** (1884-1885). L'amiral occupe les **Pescadores**.

2e Traité de Tien-Tsin (juin 1885). Il confirme le premier.

La Pacification du Tonkin et de l'Annam comprend : 1° la pacification du Delta (1885-1892). — 2° celle de l'Annam. Insurrection de juillet 1885 : elle débute par le guet-apens de Hué tendu au général de **Courcy**, a surtout pour théâtre le Tanh-hoa. En 1889, capture du roi **Ham-Nhi**. En 1890, fin de l'insurrection. — 3° la prise de possession (nombreux postes), et la pacification des régions montagneuses, à peine terminée.

Expédition du Siam (1893). Une démonstration navale des Français devant Bangkok, après le passage de la Barre du Meinam, l'occupation de deux provinces, obligent les Siamois à renoncer à leurs prétentions sur le cours du Mékong.

CAMPAGNE DE MADAGASCAR
(1894-1895)

De 1885 à 1885, la France avait fait la guerre aux Hovas, soutenant contre eux les Sakalaves, dont d'anciens traités lui donnaient la protection (Occupation de **Tamatave**, de **Majunga**, échec de **Farafate**, 1885). Depuis 1890, elle exerçait sur Madagascar un protectorat officiel, impatiemment supporté par les Hovas. De nouveaux différends avec ces derniers amènent l'expédition de 1894-1895.

Le corps expéditionnaire comprend 15.000 hommes en deux brigades (général **Duchesne**). Il doit marcher en « tiroir » sur Tananarive, sous la protection d'une avant-garde allégée.

Les principaux points de la côte sont d'abord occupés (décembre 1894-1er mars 1895, division navale **Bienaimé**) : **Tamatave, Ambodimadiro, Majunga** (base maritime de l'expédition). Les Hovas qui occupaient Tamatave se retirent dans les lignes de Farafate. D'autres s'établissent sur la route de Marowoay. Enfin d'autres attaquent en vain la colonie française de **Diégo-Suarez**.

Opérations de l'avant-garde du corps expéditionnaire (1er mars-6 mai, général **Metzinger**) débarquée à Majunga : Elle occupe Mahabo, puis Miadane et s'empare de **Marowoay** [Trois colonnes d'attaque ; le général **Metzinger** aborde la position de front, le commandant **Bienaimé** par le cours de la Betsiboka (2 mai)].

Le corps expéditionnaire, tout en progressant, établit une route carrossable de 250 kilomètres, de Majunga aux premiers plateaux de l'Imérina. Devant lui les Hovas se retirent derrière la Betsiboka (1er juin) dont le passage est forcé (6 juin) par les troupes de terre et la flottille, puis sur **Mevetanana** prise le 9 juin. La colonne occupe **Suberbieville** et, à **Tsarasoatra** (29 juin), repousse une offensive des Hovas. Elle s'empare enfin d'**Andriba** (22 août).

Une colonne légère (14-30 septembre) marche par des chemins muletiers d'Andriba sur Tananarive, livre le combat de **Tsinainondry** (15 septembre), force la résistance des Hovas dans la région montagneuse des grands Ambohimenas (19 septembre) et de l'Ankaharn (21-23 septembre), et, après plusieurs combats en Emyrne, bombarde et prend **Tananarive** (30 septembre). La reine reconnaît le protectorat français (18 septembre).

Reddition des lignes de **Farafate** (11 octobre). D'octobre à janvier 1896, répression des mouvements insurrectionnels dans l'Emyrne et sur la côte est de l'île.

L'agitation des Sakalaves, les conspirations des Hovas, amènent **l'annexion de Madagascar** (8 août 1896). Le général **Galliéni**, gouverneur général, fait exécuter deux ministres hovas, exile la reine et pacifie l'île.

L'EXPANSION FRANÇAISE EN AFRIQUE

Le but de notre politique coloniale en Afrique est de créer un empire compact, formé de l'Algérie, de la Tunisie, du Sahara, de l'Ouest africain, du Soudan et du Congo réunis autour du lac Tchad et compris dans la zone d'influence reconnue à la France par les traités (conférence de Berlin [1885], traités anglo-français [1890] et franco-congolais [1894]).

ALGÉRIE, TUNISIE ET SAHARA

I. Expédition de Tunisie (1881). A la suite des incursions des Khroumirs dans la province de Constantine, le général **Forgemol** pénètre en Tunisie et descend la vallée de la Medjerda, tandis que le général **Bréart**, débarqué à Bizerte, arrive devant Tunis.

Le **Traité du Bardo** (mai) qui reconnaît le protectorat français est suivi d'une insurrection. D'où, nouvelles hostilités ; le général **Saussier**, commande en chef : Prise de Sfax par la flotte, occupation de Gabès (mai). Entrée des Français à **Kairouan** (octobre).

II. Répression de l'insurrection du Sud-Oranais (1881). **Bou-Amena** tient en échec à **Chellalah** le colonel **Innocenti**.

III. Occupation d'In-Salah (1898) dans le Touat, sur la route commerciale du Soudan. Occupation d'**Igli** (1900) aux confins du Tafilet, refuge des bandes pillardes marocaines.

Les missions **Flatters** (1880 et 1881) et la mission **Palat** (1885) massacrées par les Touaregs ont, ainsi que plusieurs autres, ouvert les routes du Sahara.

OUEST AFRICAIN, SOUDAN ET CONGO

Les Expéditions militaires.

Des expéditions incessantes ont eu lieu depuis vingt-cinq ans, au Sénégal, dans tout l'Ouest africain, au Soudan et au Congo. Citons seulement les plus importants des événements qui ont marqué la prise de possession de ces vastes territoires.

I. Campagne du Dahomey (1892-1894). Les rois **Gléglé** et **Béhanzin** ayant, à plusieurs reprises, attaqué nos possessions du Bénin, le colonel **Dodds** franchit l'Ouémé, après une victoire à **Dogba** (septembre). **Béhanzin** résiste furieusement à **Poguessa**, à **Akpa**, à **Kotopa** (octobre). Le colonel entre à **Cana** et occupe **Abomey** (novembre). A la fin de 1893, il marche de nouveau contre **Béhanzin** dont il s'empare (janvier 1894).

II. Expédition au Soudan. Elles sont surtout dirigées contre les maîtres du Haut-Niger, **Samory**, fondateur du royaume d'**Ouassoulou**, et **Ahmadou**, roi de Ségou, et contre l'agitateur du Haut-Sénégal, le marabout **Mahmadou-Lamine**.

En 1881, le capitaine **Galliéni** fait accepter à **Ahmadou** notre protectorat, et le colonel **Borgnis-Desbordes** bat **Samory**, ennemi de ce roi. Le colonel étend notre domination jusqu'à Bamako sur le Niger.

De 1886 à 1888, le colonel **Galliéni**, dans deux campagnes, impose à **Ahmadou** révolté et à **Samory** des traités de protectorat. Il ruine la puissance de **Mahmadou-Lamine**.

Le colonel **Archinard** enlève à **Ahmadou** et à **Samory** Ségou sur le Niger et plus au sud Kankan (1890-1891).

Le colonel **Monteil** combat aussi **Samory** en 1895. Celui-ci est enfin complètement défait à **Tiafeso** (1898) par le lieutenant **Woelffel**, puis fait prisonnier par la colonne du capitaine **Gouraud**. Tout l'Ouassoulou fait alors sa soumission.

D'autre part, en 1894, **Tombouctou**, le plus grand centre commercial du Soudan, demeuré jusqu'alors fermé aux Européens, avait été occupé par le colonel **Bonnier**, massacré peu après par les Touaregs. La France a gardé sa conquête.

III. Au Congo. — M. de Brazza, par ses nombreuses expéditions ou missions, a pris possession, au nom de la France, d'un vaste territoire sur les deux rives de l'Ogooué et sur la rive droite du Congo, au sud du Cameroun allemand (1875-1885).

Les Missions.

De nombreuses missions ont préparé les voies au commerce français et porté l'influence française dans le continent noir, surtout les explorations **Binger** (1889-1892) qui ont ouvert les routes du Soudan au Grand-Bassam. — La mission **Monteil** (1890-1892) qui a ouvert celle du Soudan au Tchad. — Les missions **Crampel**, **Mizon** et **Maistre** (1891-1893) qui ont ouvert celle du Congo au Tchad.

Enfin la mission **Marchand** (1896-1899). Son but était de relier le Congo au Nil par l'Oubanghi, le Mbomou, le Bahr-El-Gazal. Arrivée à Fachoda sur le Nil blanc (août 1899), elle y repousse les Derviches, mais le général anglais **Kitchener**, qui vient de battre ces mêmes Derviches à Omdurman, arrive et réclame Fachoda au nom de l'Égypte. Pour éviter un conflit européen, il lui est donné satisfaction.

NANCY. — IMPRIMERIE BERGER-LEVRAULT ET Cie.